新编儒林典要

朱子讀書法

[宋] 朱熹 撰 [宋] 张洪 齐熙 黄士毅 编

彭树欣 导读 整理

图书在版编目(CIP)数据

朱子读书法／(宋)朱熹撰;(宋)张洪,(宋)齐
熙,(宋)黄士毅编;彭树欣导读、整理. —上海:上
海古籍出版社,2024.5 (2025.6重印)
(新编儒林典要)
ISBN 978-7-5732-1112-5

Ⅰ.①朱… Ⅱ.①朱… ②张… ③齐… ④黄… ⑤彭
… Ⅲ.①朱熹(1130-1200)—读书方法—研究 Ⅳ.
①B244.75

中国国家版本馆 CIP 数据核字(2024)第 076684 号

新编儒林典要

朱子读书法

[宋]朱熹 撰
[宋]张洪 齐熙 黄士毅 编
彭树欣 导读、整理

上海古籍出版社出版发行

(上海市闵行区号景路 159 弄 1-5 号 A 座 5F 邮政编码 201101)
(1)网址:www.guji.com.cn
(2)E-mail:guji1@guji.com.cn
(3)易文网网址:www.ewen.co

印刷 苏州市越洋印刷有限公司
开本 890×1240 1/32
印张 9.5 插页 5 字数 140,000
印数 3,151—5,250
版次 2024 年 5 月第 1 版
2025 年 6 月第 3 次印刷
ISBN 978-7-5732-1112-5/B·1379
定价:59.00 元

目 录

朱子语类·读书法

丛书序：以工夫的眼光重看经典

　　时至今日，伴随外部环境的大动荡，时代精神正发生转折；风气的变化随处可见，比如电影和文学，从现实主义占主流到科幻、奇幻、仙幻之类持续风行。"由实转虚"所表征的其实是由外转内，不满足于物质的平面的生活，转而寻求立体的生命体验，寻求超越的精神之路。"举头望明月，低头思故乡"，我们周围弥漫的复古风，来自对古人生活的好奇和向往，更根本的原因则是对于曾经的立体丰富的生命生活的追怀。它在每个人内心涌动，起初并不自觉，更进一步，就有了追究生命精神来源的需求，这是我们今天重读经典的根本动力。

一、经典的本义

文化的核心是经典，因为经典蕴含着文化的根本精神和核心内容。此当无疑义。但什么是根本，什么是核心，每个人的认识可能不同，因此，各个时代对经典的认识（也就是那个时代的主流认知）也可能不同，有时候还会差异很大。在此意义上说，学问确有古今之别。换言之，古今学问变异的原因不在于学科的分类或使用工具的变化，而来自对经典的认识不同。

具体说来，不同时代对于经典的认知不同，有两种情况：一是对哪些书属于经典的认定有差别；比如儒家经典从"五经"到"四书五经"再到"十三经"，是经典范围的扩大。二是对经典的解释的差异，比如对于权威注疏的认定发生改变；举一个典型的例子，朱熹《四书章句集注》在成书的年代连同作者一起被排挤打击，后来地位逐步上升，到了明代则被定为官方意识形态的标准解释。

从古今之别的视野来看，首先是第一种情况，经典的范围明显扩大了，主要是将自然科学和社会科学的重要著作划入经典，同时人文经典的数量也有所扩充。而传统意义上的经典，虽然受重视的程度有所下降或起伏摇摆，但依然不可替代。这里透露出的信息是人类生活空间的扩张，以及重心的转移，其与第二种情况的古今变化紧密相连，而不若后者之深切著明，此不赘论。

就第二种情况的古今之别而言，二十世纪以来对经典的解释发生了巨大的变化。近人程树德曾说："今人以求知识为学，古人则以修身为学。"这句话见于程先生撰于1940年代的《论语集释》，概括了古今对经典的不同理解，推扩一层，实则是古今之学的本质性差异。

以下就以《论语》为例，来看看经典解释的古今变异。朱熹的《论语集注》的权威地位，伴随着科举考试教科书的身份一直延续到清末；1905年废除科举之后，随同读经在教育系统中的弱化乃至取消，该书地位则持续走低乃至被彻底抛弃。及至今日，朱注重新被学界重视，但是以它为代表的经典解释并未回到原先的主流地位。当今在读书界影响最大的《论语》解读，以杨伯峻《论语译注》和李零《丧家狗》为代表；前者以其浅显易懂，译文流畅，在普通爱好者中流行数十年，且被作为文科学生的入门书，后者主要受到相对高阶的知识阶层的青睐。两本书写作形式和读者群体不同，对经典的认识理路却如出一辙。

就如这个书名，《丧家狗》说得直白，就是要去神圣化，还孔子"知识分子"的本来面目。杨著《论语译注》比较温和，因形式所限也没有直接阐发自己的见解，但是通过其译注，描画出的孔子也是一个具有人文主义精神的"知识人"形象。不消说，杨李心目中的孔子都是以他们这一两代知识分子的形象为蓝本的。不能说孔子身上没有这些因素，但以这个整体形象比附孔子，则不啻天壤。这背后的根源是现代性的问题，彻底追溯分析不是本文的任务，简言之，现代人是扁平化的生命，生命应有的丰富层次和可能达到的高度被"二维化"了，物质性生活和头脑性知识是此扁平化人生的表征；现代知识人超出普通人的主要是"量"的增加（知识、专业技能或逻辑思维能力的增加），而非"质"的变化（生命的净化提纯）或"性"的改变（生命层次的提升）。古代文化人（不论中西）以追求精神境界的提升为人生目的，其间或许有层次的差别，比如立足人间的君子贤圣，立足出世的得道证果，其共同点是生命的净化和高度层级的提升，而此质和性的跃升需要付出持续的努力乃至毕生的精力。

或许有人会说："所谓精神追求我们不是一直都在提倡吗？现代人并未抛弃精神、道德呀。"是的，这些词我们还在用，但是已经偷换了概念。精神、道德的提高，本义是向上的质的提升，而现代人却是在平面上使用这些词，说一个人道德高尚，只不过是说他遵守伦理规范，做事有原则，有正义感等；说一个人有精神追求，不过是说他文化生活丰富，艺术品位较高等。不错，古人的精神、道德也离不开这些内容，但这些内容最多只是提升自我的起点或方式。究其根源，之所以有这种偷换且不自知，是因为截断了这些词背后的天人连接。在人类各民族的上古神话里，都有天人往来交通的描述，后来"绝地天通"，天人之间断绝了直观形象意义上直接往来，但是精神的连通始终保持，作为人类文化的共同根基，并且成为文化基因灌注在每个词语之中。而现代化以来，这种精神的连接逐渐中断了，词语也成了无根漂浮之物。且以"道德"一词为例，略作讨论。

现代语境下的"道德"与古典的道德，并非一回事。就本义而言，"道"是宇宙万物的本体，"德"是道在具体事物中的呈现。道下落到每个事物中，事物各自以其特有的方式呈现道，称为德。因此德一方面与道连通，一方面又是某一事物之为此事物的根据。如果没有德，某一事物就不成为它自己了，因此一个人如果没有德，就不成其为一个人。德对于人来说，是保证他是一个人的根本，并且是由此上通于道的依据（所以孔子说"志于道，据于德"；由德上通于道则需要"修"，称为修身或修道，所以接着说"依于仁，游于艺"，就是修身的方法），因此是人的第一需要。后来把这两个字组成一个词，表达的正是道的根源性和彼此的关联性，所谓天人之际，所谓万物一体，俱在其中。因此，"道德"在传统话语中是最高序列的词，代表人类精神领域的源头，具有神圣性。

现代语境中"道德"的含义，大致对应古代汉语的"德"字的层面，但道的意义已经被弱化甚至切断了，因此"德"也就不是原来意义的德。现代语境中的道德，一般是指为了使人与人和谐相处，或者维系社会秩序而对个人的伦理要求，进而固化为社会行为规范。这里的德不再与道相连，因此也失去了其为人之根本和第一需要的意义，成为一个附加在自然人身上的，因应社会需要而后起的东西；因此，通过个人的道德修养而上通天道、与道合一的途径也湮灭不彰，此之谓"天地闭，贤人隐"。由此可见，现代一般所谓的道德，是实用主义的产物，与古典的道德相比，成了无源之水。

如是，"道德""精神""性命""心灵""修身"这些词的本义都连通着天道，是故孔子说"下学而上达"，抽离了"天"之维度，亦不成"人文"；如此"天人合一"的人文，才可以"化成天下"（见《易经·贲》象辞），此之谓"文化"。现代性的弊病在于将立体的上出的精神维度拉低到平面的"量化"的物质和知识层面，从而取消了人通过自我修炼成为"超人"以自我实现这一向度。因此，古今人的特质不妨分别用"知识人"和"文化人"①来指称。

———————

① 美籍罗马尼亚裔学者伊利亚德（1907—1986）曾创设"宗教人"概念，用以与知识化的现代人相区别，宗教人所指的内涵略同于本文说的"文化人"，都指向精神的丰富和提升；中国传统"文化"观念所涵甚深广，可以包含一般理解的宗教。伊利亚德有很多宗教文化学、神话学的著作，对此问题多有精辟的分析和洞见，可以参阅。

站在古人的立场上，如果历史定格于此，那就不仅是"三千年未有之大变局"，而是"人将不人"。幸好，对于现代性弊端的认识伴随着现代化进程而逐渐深入，由知识人再到文化人的转折已经悄然来临，而且携着科学这件利器的回归，某种意义上可能是更高层面的回归。就如历史上常见的情况，根本性的变化往往先从边缘地带发生，逐渐渗透到主流文化形成风气，再带动底层民众的转变。当今之际，边缘向主流渗透之势已成，但主流仍旧唱着老调，因此这些话虽然也已不新鲜，还是得一说再说①。

传统的经典，不论中外，都是以精神提升为核心的。经典的类型不同，情况亦有所差别。宗教类经典以出世为目标，当然是以精神提升为主的。世间经典，比如儒家类，则精神提升与世俗生活兼

---

① 笔者深知，这样的论述很难使自居现代知识人者信服，所谓"只缘身在此山中"，道理不难懂也不难验证，问题是障蔽已深，自以为是，正坐孟子"自暴"之病，所谓"自以为是，而不可与入尧舜之道"。本丛书的目标读者是对于传统修身之学心向往之，至少是保持开放的心态，愿意倾听内心的声音的人，固步自封者不足与论。

顾，即"内圣外王之道"，但仍然是以自我的精神提升为主导，以精神生活贯通物质、社会生活，此之谓"吾道一以贯之"，"壹是皆以修身为本"。具体说来，就是需要按照一定的修养方法，经过积累淬炼而发生质变，达至某种超越凡俗的精神境界。推己及人，又可以分为自我提升、帮助他人两个方面，即学习与教化，自觉和觉他。

仍旧以《论语》为例。《论语》有两个核心关键词，一个是"学"，就是自我精神提升的过程，用宋儒的话说：学是为了"变化气质"，"读《论语》，未读时是此等人，读了后又只是此等人，便是不曾读"（朱熹《论语集注》引程颐语）。另一个词是"君子"，即学的目标：达到一定的精神高度，成为一个真正的人。君子只是一系列境界坐标中的一个，往上还有贤、圣等。"学不可以已"，学习是无止境的，人生就是不断攀升的过程，孔子现身说法，用自己的一生诠释这个过程："吾十有五而有志于学，三十而立，四十而不惑，五十而知天命，六十而耳顺，七十而从心所欲不逾矩。"孔子孜孜以学，精进不已，以差不多十年一个台阶的速度将生命提升至极高的地位，生动而明确地示现了学习是精神的提升，是质的飞跃，乃至性的改造。但是如果换成现代的知识化的眼光，则会作出另一种解读。

就如《论语》开篇第一章：

> 子曰："学而时习之，不亦说乎？有朋自远方来，不亦乐乎？人不知而不愠，不亦君子乎？"

字面意思很简单，但是如何理解其真实含义，对于现代人却是一个考验。比如第一句，"学而时习之"，很容易想当然地把这里的"学"等同于现代教育的"学习知识"，那么"习"就成了"复习功课"的意思，全句就理解为学习了新知识、新课程，要经常复习它——直到现在，通行的《论语》译注包括中学课本，基本还是这么解释的。但是，我们每天复习功课，真的会快乐吗？

其实这里发生了根本性的理解偏差。古人学习的目的跟现代教育不一样，其根本目的是培养一个人的德行，成就一个人格完满、生命充盈的人，所以《论语》通篇都在讲"学"，却主要不是传授知识，而是在讲做人的道理、成就君子的方法。学习了这些道理和方法，不是为了记忆和考试，而是为了在生活实践中去运用、在运用时去体验，体验到了、内化为生命的一部分才是真正的获得，真正的"得"即生命的充盈，这样才能开显出智慧，才能在生活中运用无穷（所以孟子说：学贵"自得"，自得才能"居之安""资之深"，才能"取之左右逢其源"）。如此这般的"学习"，即是走出一条提升道德和生命境界的道路，达到一定生命境界的人就称之为君子、圣贤。养成这样的生命境界，是一切学问和事业的根本（因此《大学》说"自天子以至于庶人，壹是皆以修身为本"），这样的修身之学也就是中国文化的根本。

所以，"学而时习之"的"习"，是实践、实习的意思，这句话是说，通过跟从老师或读经典，懂得了做人的道理、成为君子的方法，就要在生活实践中不断（时时）运用和体会，这样不断地实践就会使生命逐渐充实，由于生命的充实，自然会由内心生发喜悦，这种喜悦是生命本身产生的，不是外部给予的，因此说"不亦说（悦）乎"。

接下来，"有朋自远方来，不亦乐乎"，是指志同道合的朋友在一起共学，互相交流切磋，生命的喜悦会因生命间的互动和感应，得到加强并洋溢于外，称之为"乐"。

如果明白了学习是为了完满生命、自我成长，那么自然就明白了为什么会"人不知而不愠"。因为学习并不是为了获得好成绩、找到好工作，或者得到别人的夸奖；由生命本身生发的快乐既然不是外部给予的，当然也是别人夺不走的，那么别人不理解你、不知道你，不会影响到你的快乐，自然也就不会感到郁闷了。

以上的说法并非新创，从南朝皇侃的《论语义疏》到朱熹的《论语集注》，这种解释一直是主流。今天之所以很多人会误解这三句话，是由于对传统文化修身为本的宗旨不了解，先入为主，自觉或不自觉地用了现代观念去"曲解"古人。

二、工夫路径

经典的本义既是如此，那么其内容组成，除了社会层面的推扩应用之外，重点自然是精神提升的路径、方法，实践过程中的经验总结，以及效果境界、勘验的标准等，所有这些，传统上称为"工夫"（或"功夫"）。

能够写成文字的只是工夫的总结和讨论，可称为"工夫论"，对于工夫本身来说，已落入"第二义"。由此可知，工夫论应该以实际的工夫为准的，实际工夫来自个人的亲身体验。经典中的工夫，既然是用来指导后来者的实操指南，那么此工夫就应来自公认的成就者，即被大家和后人认同的具有极高精神境界的人，中国文化称为圣贤。所以对工夫可靠性的认定，来自对成就者境界的认定，而境界的认定又来自其人展现出的"效验"和"气象"。

或许有人会问，既然精神境界无形无相，古时候那些圣贤是凭什么认定的？对于普通人而言，对于圣贤的认定需要通过间接、逐次的方法和长期的过程。按照精神高度的差别，人可以分成不同的层级，圣人好比在九层楼，贤人在七层，君子在五层，我们普通人在一层。如果在一层的人想要知道某人是否在九层，一个可行的办法是先认定一些在二三层的人，再通过二三层间接认定更高层的人。

二三层人看到的景观虽然与一层有所不同，但是比较接近和类似，比如不远处一所房子还是一所房子，只是小一点；二三层还可以看到更远处一些景物，一层人虽然看不清但也能看到大致的轮廓；因此可以依据一层的经验判断这些人所描述的景象是否真实可信，以此来认定他们是否真的在二三层。待到多认定一些二三层的人，会发现这些二三层的人会共同认定某些五层的人，在一层的人就可以基本相信那些人是君子；君子虽然高出一层人很多，所描述的在五层楼上看到的景观，有些一层人根本不曾见过，但是既然我们认定的二三层人都说那是真的，那么我们也就愿意相信是那样的。同样道理，我们可以逐级向上，通过君子来认定贤人，通过贤人来认定圣人。如此，被很多同代人认定的圣贤，记录了他们的实践经验的著作会流传下去，后面一代代人则主要通过这些著作再来认定（其实认定的途径不限于此，超时空的感应乃至神通在精神实践层面也是重要的方式，此暂不论），这样经历代反复确认过的人就被公认为此文化传统中的圣贤，他们的著作则被确认为经典。地位确立之后，后来的人们也就会以经典，也就是圣贤的言说当作行为和自我提升的指南,佛教中称为"圣言量"。但是从根本上说,圣言量也只是间接经验,对于我们的本心本性而言,还是外在的参考标准,只是我们目前无法获得直接经验,所以需要先"相信"经典。

如果我们只是作为一个凡人生活一生,并不作自我"升级"之想,那么这些经典确实可以在宽泛的意义上指导我们,使我们维持住现有的水平,不至于堕坑落堑,想要达到这个最低目标,需要对经典和往圣先贤有敬畏之心;如果希望自我提升,走君子圣贤的超越之路,那么这些经典记载的圣贤经验更可以给我们指明方向,引领扶持,这同样需要对经典和圣贤有恭敬心和信心。但是,对于后者,对经典和圣贤的"信"就不是一个固定值,而是一个过程,需要在实修过程中逐步验证落实"信"。回到那个比喻,普通人从一层起步攀登之初,就需要树立顶层的目标,同时对于二层乃至顶层的风景有一种想象和向往——此为起初的"信",来自圣言量,可称为"虚信"——这非常重要,不仅是确立前进的方向,还是攀登的动力。当来到二三层时,一方面原先对二三层的揣测就落实为亲证,一方面对于四五层的风景也有了更进一步的认识，同时信心也就更落实。等我们到达第五层，就实证了君子境界，并且对贤圣境界有了更亲切的体会、更明确的认识；或许终于有一天，登上了第九层，会完全确证经典上的话。——就是这样，一步一步，以自己的体验逐步印证圣贤的经验，将圣贤的经验化为自己的体验；与此同时，也由最初的"虚信"逐步落实到亲证的"实信"，此为"证量"（与"圣言量"相对）。假如不是这样走亲证的道路，只是站在原地凭借头脑意识或想象、或推断，则始终不脱空想窠臼，现代学者多坐此病，佛家谓之"戏论"。当年大程子批评王荆公只如对塔说相轮，不免捕风捉影，而自己则"直入塔中，上寻相轮，辛勤登攀，逦迤而上"，终有亲见相轮之时（《河南程氏遗书》卷一），可谓切肤入髓，惜乎今人多不察也。

圣贤留下不同的经典，路径和方法有别，体现了各人特性、处境的差异，传统称为"根器""机缘"。修证的第一阶段，需要确定适合自己的路径和导师，过此方可称"入门"。就儒门而言，孔子身后，儒分为八，表征了学问路径的分化；论其大端，向有"传经之儒"和"传心之儒"之分。所谓传心之儒，并非不传经，而是以修身为本，这样在解经传经之时，以工夫体验作为理解和诠释经典依据，如果修证有方，则虽不中亦不远矣。所谓传经之儒，乃以传经为务，其释经亦以理论推导、文字互释为主，传经者如果缺少实证经验（没有自觉用工夫或工夫境界太低），很可能转说转远。如汉儒说经动辄万言，政府立"五经博士"，解经传经成为学官专业；"传心"式微，转为边缘暗流，可以想见。与此同时，经学乃至儒家本身的衰落也就蕴含其中了。如前所述，文化和经典的根本在于个人身心的实践，亦即须有可操作的修持方法，还要有一代代的成就者保证这些方法的效果和传承。因此传经之儒保证不了经典的鲜活性，当传心一脉中断，工夫路径湮没，经典变异成历史资料集之时（喊出"六经皆史"的，必然是儒学衰微的时代——清代主流自称"汉学"自有其学术依据，亦与汉儒同坐其罪），作为学派的儒家即失去了其根基，很容易沦为统治工具。时代精英亦自然汇聚到佛、道门中，所以有"儒门淡泊，收拾不住"的感慨。

　　这正是宋儒所要解决的问题。汉宋之变，其实质就是回到"传心"的路径上。曾子、子思、孟子一脉，被宋儒拈出，特为表彰，与《大学》《中庸》《孟子》经典地位的确立一道，成为孔门正宗。其背后的原因，前人多有考论，如果从工夫的角度来看则昭然若揭。支撑宋儒的，并非当今哲学史家看重的一套"性命理气"的理论系统的建立，而是找出清晰的工夫路径和可操作的修身方法，其心、性、理、道等名词概念主要是为了说明工夫原理和实践经验①，这里当然有佛、道二教的刺激，但宗教间的竞争根本上不是理论的争辩，为了生存，必须找到自己的修行成圣的路径和方法，如果要竞争，也只能从这里竞争，看谁的方法有实效有保证。并且对抗往往先从内部开始，所以有"道

————————

　　① 这里当然也涉及现代所谓"宇宙生成论"问题，但并非来自理论的兴趣。"天""道"既是生命的来处，也是工夫的源头，《中庸》首章说得明白："天命之谓性，率性之谓道，修道之谓教。""率""修"已进入工夫领域，下面紧接着就是工夫的具体展开："道也者，不可须臾离也，可离非道也。是故君子戒慎乎其所不睹，恐惧乎其所不闻。……"此外，"天""道"还是修行的目标或人之归宿。儒道二家于此大体一致，只是着眼点不同：儒家重起点和此生，故以人道合天道；道教重目标和去处，故多天界神仙之谈。

统"论的建立。韩愈发其先声，谓"轲之死，不得其传焉"，宋儒接着说，其后千有余年，乃有周、程诸子出，直接孔孟之传，其表征的正是"传心"对于"传经"之儒的拨乱反正。

类似情形在佛教内部亦有发生，不妨参照。唐朝初年玄奘法师载誉归来，翻译大量经典，并开创了中国唯识宗，国主僧俗崇信，一时无两。然而二三传之后，唯识宗即迅速衰落，取而代之的，则是密宗（这里指的是从"开元三大士"入唐开始，从玄宗到德宗皇帝尊崇的唐密）和禅宗。唯识宗不论在印度还是中国，其特长在于理论系统的完备深密，与之相应，其修持方法也以深入细密辨析心相为主，高度依赖于学识和思辨力，难于落实到一般人的修持操作上，因而一个直观的结果就是，如玄奘大师这样的成就者太少，后继乏人。修行路上，普通人要付出艰苦长期的努力；其间的动力，除了获得可以感知的"法效"之外，还需要榜样的力量支撑。相较而言，之后的唐密则不仅有完整的修持仪轨可以凭依，几代祖师所显示的功效和神通令皇室心折，数朝奉为国师；禅宗的修证虽以不落文字著称，但其修持路径和方法是清晰的，对于相应的根器而言，依然有章可循便于操作，且其代代相传，皆有明心见性的宗师作为保证。后来密禅二宗亦相继衰落，其根本原因也是在修证方面的后继乏人，传承中断,① 可见宗教（此取其传统和宽泛意义）的根本在修持，修持须有可行的方法和切实的效果。

三、从浑融到精微

宋儒的使命，是从秦汉以来榛芜已久的荒野之中辟出一条路，由凡至圣之路。

说开辟，毋宁说是恢复。因为由凡至圣的途径，至迟在孔子那里，已然清晰呈现了。如前所述，"学"，就是孔子开辟的这条路的宣言——孔子自己示现了从凡夫（"吾少也贱"）自励修学（"吾十有五而有志于学"，"十室之邑，必有忠信

① 唐密衰败之由，主要是外部环境压迫造成的传承中断，其经唐武宗毁佛教、朱元璋禁习密，遂于汉地中绝，所幸唐德宗时传于日本，兴盛千年，民国年间乃得反哺中国，流传至今。禅宗的逐渐衰落，则主要因为随着时代更替学人根器跟不上了，这也是宋明之后禅净合流，乃至净土独盛的内在原因。

如丘者焉，不如丘之好学也"），逐步提升直至贤圣（三十、四十、五十、六十、七十，十年一个台阶，一个新的生命境界）的全过程。孔子自居于"学者"，即终生学习的人，且只问耕耘不问收获："若圣与仁，则吾岂敢？抑为之不厌，诲人不倦，则可谓云尔已矣。""为之不厌"，学也，即自觉；"诲人不倦"，教也，即觉他；更深入一层，所谓教学相长，学也是教，教也是学：均是过程中事，不自居于已成。这里既是表示自我态度，也是为后儒立法，效法天道，永远在"学"的过程中，"天行健，君子以自强不息"，是以《易》终于"未济"。

当然这并不妨碍，或许更使得学生及后人推崇孔子为圣。到了汉代，更是由圣而神（倒也并非无据，孟子说"大而化之之谓圣，圣而不可知之之谓神"），被赋予了很多神通异能；更重大的变化是，孔子被认为是天降圣人，不学而能，其使命乃是为后世立法。因此汉儒说经，重经世而轻心性；演绎神异，乃有谶纬。如此一来，孔子示现的成圣之路既不得信重，《论》《孟》、五经里的工夫路径亦湮没不彰。

究实而论，汉儒那里未始没有工夫。高推圣境，敬天祭神，背后是一种虔敬之情，这是从神话时代延续下来的宝贵资源，其本身也可以成为工夫，但是汉儒对此缺乏自觉的意识，则其自我提升的效用亦微矣（类似于宗教中的善信之众与"修士"之别）。与此对照，相信凡人可以成圣，自觉运用工夫以提升自我，这是孔子提炼出来的中国文化中至为宝贵者，这种自信自觉在汉儒那里重归晦昧，是非常可惜的。在此意义上，儒学在汉代是一个曲折。

接下来的魏晋南北朝至唐、五代，对于儒学而言确乎漫长而晦暗，与之对照的是佛、道二教的蓬勃发展。其间正是二教工夫体系的成熟期，唐代佛教各宗相继而兴，大德高僧灿若群星；道教丹道修炼也逐渐系统化，形成自己的特色。宋儒的异军突起，正是在这样的环境里产生的；所谓"礼失求诸野"，一面是自身传统的失落千年引其奋发，一面是二教工夫修炼的丰沃土壤足资滋养。回看宋儒的道统说，以周程直接孟子，体现的既是传心之儒的认祖归宗，更是身心修养工夫的回归以及贤圣可期的自信自强。"问渠哪得清如许，为有源头活

水来"，只有在此意义上，儒学才是真正的活的
学问。

宋儒重建的工夫系统，立足于对孔颜曾思孟工
夫的回溯和整理，同时融入了时代特色。概括言
之，先秦道术皆脱胎于上古之巫①，巫术可谓一切
工夫的源头。经过孔子提炼的工夫，乃以人的活动
为基，在生活中自觉地以人合天；巫的本质是"降
神"，即神灵来合人（当然有高级的"神显"和低
级的"附体"之分，此不深论），工夫则是人通过
自觉的精神修炼以上合天道。但是孔门工夫中，天
人、人神的联系仍然紧密，礼、乐、《诗》、《易》
中在在可见。礼乐来源于祭祀，而祭祀则是巫的重
要领域。作为孔门工夫的"礼"，保留和强调了其

---

① 此"巫"请勿误解，巫字从字形上看其义显豁，乃是
沟通天地人的媒介。远古时代，天人往来畅通，后来"绝地天
通"（首见于《尚书·吕刑》），天人的沟通就成为一种专职，
由具有灵性能力和专门技术的少数人掌握，这个特殊群体称为
"巫"，大巫不仅掌握通灵之能和术，也是文化的传承者和氏族
王朝的首领。这种情况，在伏羲女娲等远古传说，《山海经》
的各种神异记载，乃至《史记》开篇的《五帝本纪》中，仍
然可以窥其大略。

中的虔敬之情，比如"祭如在，祭神如神在"①。
《乐经》虽不传，乐的精神在《诗经》里尚可想
见；乐，就是情感的和乐状态，需要在人之"常
情"中体验，比如经孔子删述的《诗》三百，以
《关雎》的男女之情开始，以"颂"的敬天娱神结
束，合乎《中庸》所言"君子之道，造端乎夫妇，
及其至也，察乎天地"之序，亦为"情"之工夫次

---

① 这句话现代人往往简单当作比喻而轻忽，孔子的
"如"，只是区别于生人肉体的存在，不妨其为具体生动的鬼神
之"在"。《中庸》引孔子的话说"鬼神之为德，其盛矣乎；
视之而弗见，听之而弗闻，体物而不可遗"，是说鬼神确乎存
在，但不能用肉眼见，不能以耳朵听。如何感知呢？"使天下
之人，齐明盛服，以承祭祀；洋洋乎，如在其上，如在其左
右。"人以诚敬感格鬼（这里是指祖先）神，切实感受其降临
身边，此为精神的感通，其工夫的关键是用心用情。下面的一
段描写更具体形象：

> 齐（斋）之日：思其居处，思其笑语，思其志意，思
> 其所乐，思其所嗜。齐（斋）三日，乃见其所为齐（斋）
> 者。祭之日：入室，僾然必有见乎其位；周还出户，肃然
> 必有闻乎其容声；出户而听，忾然必有闻乎其叹息之声。
> （《礼记·祭义》）

"思其居处，思其笑语，思其志意，思其所乐，思其所嗜"，此
为工夫。这里的"思"是思念，不是思考，思考用脑，排除情
感；思念用心，有情，用回忆不断加强情感的浓度。"见乎其
位""闻乎其容声""闻乎其叹息之声"，此为效验。此处的见
闻，也不是肉眼、耳朵所得，而是心的感通。

第。① 孔子韦编三绝，作《十翼》，《易》在孔门工夫中之地位可知，而《易》道幽微，处处皆寓天人感应，为下学上达的高阶教程。一言以蔽之，孔门工夫是天人连通、情理交融的，其形态特征是浑融的。

宋儒的工夫特色，也要从其历史环境变化，及其所处的实际生活状态中理解。相较于先秦，中古时期天人关系进一步疏远，日常生活中具体可感的乃是世间鬼神（民间所说的"三界"中，天界高高在上，与人关系紧密的是人间和冥界的鬼神仙灵）。在宋儒那里，一方面对于祖先以外的世间鬼神持一种疏离或排斥的态度，另一方面"天"高悬

---

① 《史记·孔子世家》中生动记载了孔子学琴的经过：

孔子学鼓琴师襄子，十日不进。师襄子曰："可以益矣。"孔子曰："丘已习其曲矣，未得其数也。"有间，曰："已习其数，可以益矣。"孔子曰："丘未得其志也。"有间，曰："已习其志，可以益矣。"孔子曰："丘未得其为人也。"有间，有所穆然深思焉，有所怡然高望而远志焉。曰："丘得其为人，黯然而黑，几然而长，眼如望羊，如王四国，非文王其谁能为此也！"师襄子辟席再拜，曰："师盖云《文王操》也。"

以工夫的眼光看，此是通过操琴，逐步澄明自心的过程，"志于道，据于德，依于仁，游于艺"乃孔门工夫论之总纲，此则生动展示了"游于艺"，即由技入道的工夫路径。同时艺乐不离神人之交感，最后文王之相赫然呈现，亦即"以乐通神"的境界。

为遥望的近乎抽象的存在，这既是时代原因造成的天人远离，也体现了宋儒阐发的"理"的特征。这一转化可称为"以理代天"。

上古时代天人的紧密关系，可以从遗典中窥见，经过孔子删述的五经，依然保留了这样的底色。彼时天人之间通过巫而上达下传，通过祭祀卜筮等建立联系，经孔子转化为礼、乐、《诗》、《书》、《易》的工夫，增加了自觉的修身意识，但其工夫注重感应和情，与上古的巫文化仍是血脉相连。感应的基础是"情"，情既是人的自然需求，又可以作为工夫和教化的重要方式，因此有学者依此精神将诗教礼教称为"情教"。宋儒继承了诗、礼的教化传统，但是其中情感的作用明显减弱了，比如朱子解《诗经》，始终有意识地将人情导归于中正平和之理，可说是"以理化情"。

例如，朱子解释《关雎》，延续汉儒之说，认为此诗主旨乃表"后妃之德"。《关雎》所表达的浓郁的男女情爱，因而转变为以德相配的"理性"态度。"求之不得，寤寐思服，悠哉悠哉，辗转反侧"，其心念相继、情思绵绵之态，朱子解释为："盖此人此德，世不常有，求之不得，则无以配君子而成其内治之美，故其忧思之深，不能自已，至于如此也。"把春草般自然之情思，加了一个曲折，变成了因寻思其德之稀有难得而求配的"忧思"，此"忧思"无疑含有理性成分（甚至有功利的衡量："配君子而成其内治之美"），与直接发自身心的"情思"已非同一层次（用佛家言，情思属"现量"，忧思则属"比量"）。从朱子的角度来看，《关雎》表达的世俗之情、男女之爱，须拉到后妃之德上去才能符合"经"的地位。然而，《关雎》乃《诗经》开篇第一首，对照于《论语》首章的开宗明义，地位不可不为隆重，以汉儒、朱子的解释，显然不能相应（"后妃之德"乃《毛诗序》之言，郑玄则走得更远，乃至于有后妃另求淑女为妾以配君子之说）。这里表征了不同时代儒家工夫中，情的地位和作用的差异。在孔子那里，作为天人相应的基础的"情"，并非无源之水，其发端恰在于男女之爱情，就如孝亲之"孝"本是"私情"，却为"仁之本"（《论语·学而》："有子曰：孝弟也者，其为仁之本与！"）。再如《易经》上经讲天道，下经论人道，并有对应关系；上经以乾坤二卦、下经以咸恒二卦开始，即以男女之情对应乾坤之合。抛开男

女之情，不惟不近人情，难于实行，恰恰失去了体
会天人相应的良机；真切体会男女相爱慕的自然直
接，彼此情思的绵绵不绝，将之延伸到慕天爱神，
思念相继，这就成为工夫，而且是根本的直接的工
夫。就如印度瑜伽修炼的分类，按照《薄伽梵歌》
所示，"敬爱瑜伽"直接与神连接，乃是最简易直截
的工夫，礼乐《诗》《易》的工夫庶几类之；宋明理
学则类似于"智识瑜伽"，其修持工夫是依据"自
力"、偏重"理性"（此处借用理性一词，包含了心
性和后天意识）的，其形态特征是精微的。

回顾工夫的发展历程，上古巫术的阶段，巫
的身份基本是"天选"的，其天生具有通灵的特
质，在某个特殊机缘或经过一定的训练，获得
"降神"和"出神"的技能①，起到沟通天人、人

---

① 此类工夫和技能并未消失，而是不同程度和不同形态
地保存三教和民间宗教中，前者除了与感应、加持有内在联
系之外，主要体现在民间扶乩等方术以及巫女神汉的那里，演
变成仙灵附体，与上古沟通天人的巫已不可同日而语；后者则
成为重要的宗教修炼术，比如道教内丹、佛教密宗等都不乏这
样的记载，甚至儒家例如王阳明的传记里也有类似的传说。究
实而言，出神或神游乃是修炼到某种境界时的自然效用，不是
某家某派专有的，区别只在于是否将此作为自觉的工夫或追求
的境界。

神的作用。孔门工夫的意义，则是将少数特别人掌握的特殊技能转化为具有普遍意义的，普通人可以学习的，用于提升精神高度的方法。其与巫术的连接在于，一面保留和提炼礼乐仪式及其内涵的情感作为重要工夫手段，一面不刻意追求但也不排斥天、神（灵）在中间的强化作用——与此类超时空存在保持不即不离的态度——不追求，是因为没有特殊机缘的普通人难以获得，反而容易产生副作用；不排斥，是因为此类作用真实存在，且往往会产生奇妙的效果。汉儒则在此意义上有所倒退，即回到了以天和神为中心的，将孔子视为天选和沟通天地的大巫，从而弱化了儒学的工夫内涵，使得孔子开出的"下学而上达"工夫路径晦昧不明。宋儒重新清理出这条以人为本的工夫路径，且在孔子的基础上进一步强调了人人可以学而至圣；因为强化以普通人为基础的路径，则弱化了天和神在工夫意义上的"加持"之力；工夫转移到对心性的高度自觉的精细磨炼（黄宗羲《明儒学案发凡》所谓"牛毛茧丝，无不辨晰"），同时削弱了作为工夫的"情"的地位和作用，以及与天连通的"礼乐"之本义，使得礼成为心性磨炼的辅助手段——所谓"内外夹持"工夫之"外"的一面——或者作为社会规范和"戒律"意义上的外在约束。

宋明儒学内部又有理学、心学的分化。相对而言，从大程子到陆象山到王阳明这一路，更注重"心"的感应、灵明作用，因此被称为"心学"。相对于小程子、朱子一路的更理性化、更重礼的外在规范作用，心学则对于诗的情感特性更有感觉，比如大程说《诗》注重"吟咏情性"，"浑不曾章解句释，但优游玩味，吟哦上下，便使人有得处"（《近思录》3.43，3.44），因此其个人气象更接近孔孟浑融和乐，令学人"如沐春风"，与小程之"程门立雪"恰成对照。这里不当只看作个人气质之别，亦体现出工夫路径的差异。

陆王一路可以看成是在宋明范围之内的"传心之儒"，相对而言，程朱一路则更偏于"传经之儒"。如果借用佛家自称"内学"的含义，用内、外来标识学问与心性工夫的紧密程度，"传心之儒"为内，"传经之儒"为外，同时两派之内又可再分内外，图示如下：

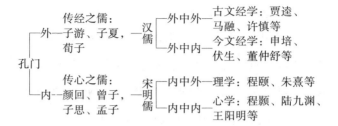

心学在一定程度上对理学起到了平衡中和的作用，使其不至于产生大的流弊。但是理学的工夫路数也是时代背景下大多数人"心理状况"的反映，随着天人远离，心灵能力普遍退化，或者说灵性充足的人变得稀少，人们越来越习惯于运用脑力（理智）。因此心学兴起的内在动因，即是不满于理学之偏于理性和知识（理学可说是心脑参半，在心学看来则是主次不分），将工夫全部收归当下之"心"，虽则其简易直截大受欢迎，但是当心学普及推广时，其困难也就显现了——普通人难以直接切入灵性层面，容易流于意识的模拟想象，其流弊至于认欲为理，猖狂恣肆。这也是阳明后学分歧的根本原因。理学、心学的差异当然与个人气质特点相关，每个人需要找到适合自己的路径，也就决定了会有偏于理或偏于心的选择；同时，在心上用功也需要找到适合自己的抓手，或当下直入，或迂回而进，或寻求辅助，这又在心学内部造成差异和分化。

到了明末清初，心学困境、流弊加上时代风气的外力影响，使得儒学主流逐渐向理学复归，及至清中后期又进一步成为"礼学"；此时的礼教已经基本丧失了孔门工夫中的情和感通的一面，也就失去了"礼意"，而专成为外在约束的、僵化的教条，从而堕落为统治工具，所以才有"五四"时期"吃人的礼教"这样的控诉。这是礼乐精神一步步失落和变异的过程。与此同时，则有清代"汉学"的兴起，认祖归宗于汉代传经之儒（主要是古文经学），此为儒学的知识化。遭此内外夹击的儒家又一次进入低谷。谁曾想，清末以来又遭遇全球现代化的大潮，以内圣工夫为性命的儒学，连同同气连枝的佛道二教一起，被卷入了前所未有的深渊。此为"三千年未有之大变局"之本质①。

---

① 清代儒学虽肌体逐渐衰弱，其能维持生命保持一口真气，仍是靠的宋明儒学的延续，不绝如缕。所谓同治中兴，其根骨乃是曾国藩师友团体以讲学修身相砥砺，带动振刷朝野风气的结果。无奈时代大环境，就心性实践之学而言，已然踏入一个循环中的"坏、空"之相。作为曾门弟子的李鸿章，无疑是对于儒家运命、现代风潮有双重刻骨感受的人，能说出这句直透骨髓的话实在情理之中。这一时段的相关论述，可以参阅拙文《常道与常识：重估梁启超之路》（载《原学》第一辑，复旦大学出版社，2021年）。

以熊十力、马一浮、梁漱溟为代表的现代新儒家，以及佛教复兴运动，均属文化"返本开新"思潮的一部分，都应看作对此"大变局"的自觉反应。而现代新儒学需要面对的，表面的一层是中国文化怎样应对现代化的冲击，这是容易看到的层面，而且儒家作为传统文化的代表冲在前面。更深一层的问题，则如同上一次新儒学（海外学者习称宋明儒学为"新儒学"）创立之时所面对的，是工夫路径的湮没和人才的旁落，这一层则容易被忽略。现代新儒家因此产生分化，而大部分人包括后来成为主流的熊牟师弟将主要精力放在了儒学哲学化的理论建设，即应对第一层冲击，对自身加以转化，此固有其时代意义，但如果脱离了工夫（修身）之根本，难免陷入当年唯识宗的困境。①

---

① 现实情况也是如此，熊、牟（宗三）一系新儒家辗转港台之际，声名远播，然而两三传之后，完全学院化，与一般儒学研究者无异。当年余英时与新儒家意见不合，曾有"游魂说"，认为儒家学说是建立在宗族和政治制度之上的，制度不存，魂无所寄；依本文观点，则儒家精神在修身，工夫不存，其病在"失魂"也。关于现代新儒家的分歧和演变，请参阅拙文《熊十力与马一浮——试论现代儒家的两种取向》（载《马一浮研究》，上海古籍出版社，2008 年）。

四、我们今天怎样用工夫

回到自身，处于这样一个天翻地覆的大环境，怎样学习经典的工夫，改造自我的生命，这是我们的时代命运，必须自己解决。就工夫路径而言，所谓"法无高下，对机则宜"，法门无量，而每个"机"都具有特殊性，需要找出适合自己的那一条路。"机"有两个层面，一是个人的根机（根器），二是外在的机缘；"对机"，意谓修行方法既要适合修行者本人的特点，还要适应当下的时空环境，便于实行。基于此，又可将问题分为两步：第一，弄清楚经典提供的不同路径各自的"对机"；第二，认识今天我们自己的"机"，选择相应的道路，并在修行过程中根据具体情况加以调适。

经典和古人所提供的路径是一些个案，我们读书时需要时刻有这个意识，在还原"当机"（所对之"机"）的前提下理解这些工夫路径，也就是孟子说的"知人论世"：知人，即认识此人的根机；论世，即了解他所处的环境。在此前提下，才能充分把握其路径的本质，才能明白此个案对于自己的参考作用；如其不然，就像拿着别人的药方生搬硬套用到自己身上，不得其利反受其害。

于此有一典型事例且对于我们今天用工夫影响甚大者，不能不有所论列，即如何理解宋明儒之"辟佛老"。

此问题的由来，主要关乎在特殊时代环境中建宗立派。如前所述，宋儒怀抱复兴儒学的强烈愿望，又需要在继承中走出一条新路。彼时儒学虽然表面上还占据国家意识形态的地位，内在已然空虚，面对释道两家精神充足、人才辈出的局面，宋儒的心态是峻急的。因为自身发展停滞了，而别家正在鼎盛期，汲取资源，有所借鉴，所谓"礼失求诸野"，是再自然不过的。此为文化发展和交流的常态，本不必讳言，宋儒采取的严分彼我，乃至非难排斥的态度，实际是体现了在夹缝中求生存，须撑开双脚、扩大领地的宗派意识，对此不妨予以同情之理解。立派之初，或自感危亡之时往往而然；历史上佛教内部各宗之论争，例如印度本土的小乘、大乘之争，空、有二宗之争，唐代的天台、华严之争，后来的禅、净之争，性质与此相同。但究实而论，这种情况类似于当今习见的立场先行，其出发点和论辩内容不是、至少不全是来自学理。

如果不涉及宗派势力的考虑，即使辨明两家学问的立足点和目标有别，工夫和境界层面仍然可以互相借鉴资取，最自然的态度是大方承认，公开交流，或者各行其是也未尝不可，本不必大加攻讦。正是有了压制对方、张大己势的需求，特别是宋儒有拿回失去的地盘的心态，才会有峻急乃至极端的言论，比如援引孔子诛少正卯、孟子辟杨墨，极言佛老之危害有如洪水猛兽。孔子曰"听其言观其行"，从最早严厉辟佛的韩愈到朱子，其私下仍多与释子道士相往还，试想如果佛老真的是邪道，韩朱何可如此言行不一；若说拒斥的只是佛老末流，等于说佛老之流弊是人弊而非法弊，且只要是在世间实行，法法皆有流弊，宋明儒自身的流弊，明末清初之士至于痛心疾首。（至于宋儒所非议佛老的种种观点，有的切中时弊，足可为借镜，有的则实属有意无意的曲解，具体分析留待各书"导读"，读者自行判断可矣。）

这种历史境遇造成的立场先行的情况，亦可由宋明儒态度的变化大略考察。如单就工夫路径而论，理学、心学与佛老的远近关系是有差异的（可参考上面的"内外关系图"，心学既然是"内中内"，自然与佛老"内学"关系更近），大体而言，心学的工夫较为浑沦虚灵，包容性较强，对于佛道也有更多的吸取借鉴，理学的工夫形态距离佛禅较远（有一种说法，理学近道，心学近禅；从工夫的角度看，心学确实与禅宗颇多相通和借鉴之处，而理学对于道教的兴趣多见于理论层面，比如朱子注《参同契》《阴符经》而隐讳本名），实际上程朱一系也多持更为严厉的"辟佛"态度。但在两宋期间，心学一系的从大程到象山，即使在工夫上颇多借用，在立场上仍然与理学保持一致，对于佛老"不假辞色"。这种在立场上的一致，恰恰说明了宋儒的"辟佛老"更多是出于开宗立派的需要。

到了明代中期，三教的地位发生了重大变化。儒学一方面经过近五百年的努力重新从工夫层面立定根基，另一方面随着理学成为科举考试的规定内容，确立了作为官方意识形态的地位，佛道二教转而向儒教靠拢，寻求自身的"合法"地位。举一个象征性的例子，万历年间意大利传教士利玛窦来华，先是穿僧服传教，但是很快发现在中国儒教地位远比二教尊贵，就改易儒服，并确立了"补儒易

（取代）佛"的传教策略。随着势力的彼消此长，明儒在此问题上的态度也发生了很大的变化。王阳明虽然仍表达过区分儒佛乃至贬低二氏的说法，但与宋儒相比，已经缓和多了，更像是不便于公开违反此前数百年的习惯，象征性表示一下。① 阳明有一个著名的"三间屋子"的比喻，最能表明他的真实态度。有学生问，世间、出世间学问，儒释道是否各占一块。阳明先生说非也，儒学本是贯通世出世间的，只是后儒不肖，把自己限定在世间法，把儒学弄得狭窄和浅薄了，就好比主动割让了左边一间、右边一间给佛道二氏，其实三间屋子都是圣学

----

① 比如他说佛氏逃了君臣、父子、夫妇的人伦关系，是"着相"，儒者不逃避，反而是不着相，这不但是引用了佛家的观念——着相——而且此说法指向的只是佛教徒出家的形式，仅是延续二程的一个观点："敢道此（指禅宗《传灯录》）千七百人无一人达者。果有一人见得圣人'朝闻道夕死可矣'与曾子易箦之理，临死须寻一尺布帛裹头而死，必不肯削发胡服而终。"（《二程遗书》卷一）此仅为二程辟佛言论之皮相者，不难反驳。因为对于佛教修行，出家并非必须的，唐宋以来很多有成就的大居士，且不乏身居高位颇有政绩者，并且，若出家是为了获得相对清静的修行环境，作为一种方便手段虽有其合理性（类似于宋明儒提倡静坐），但并非出家的本义，照大乘的说法，出家乃表明"荷担如来家业"的志愿，以及为了弘法的需要而取得一个"专业"的身份。

本有的。这里是个包容性的说法，只是说你们有的
我也有，我可以包含你们的优势，与当初宋儒的口
径不可同日而语。并且说："圣人与天地民物同体，
儒、佛、老、庄皆吾之用，是之谓大道。"（见钱德
洪编《王阳明年谱·嘉靖二年十一月》）此以儒
佛老庄并列，同为大道之用，直与《庄子·天下
篇》同调矣①。不妨将此视作三教关系转折的一个
标志，此后尽管严守三教门户的声音仍时有发生，
三教合流作为明清以来中国文化的主要趋势是没有
疑义的。

实则这也是中国文化精神的体现，冯友兰用儒
家的语言将之概括为"极高明而道中庸"（参见冯
氏《中国哲学简史》），用佛教的话说，"畅佛本
怀"之究竟指归，其特质是"即世间而出世间"，
世俗生活和超世精神圆融为一，称为"一乘"，为
佛教究竟圆融的意旨，佛教的发展可以看作是此宗

---

① 《庄子·天下篇》："是故内圣外王之道，暗而不明，
郁而不发，天下之人各为其所欲焉以自为方。悲夫！百家往而
不反，必不合矣。后世之学者，不幸不见天地之纯，古人之大
体，道术将为天下裂。"——道本是整全合一的，因后世学者
不见全体，而各执一方自以为是，才造成了现在的分裂。

旨不断开显的过程（此即《法华经》所开演的"会三归一"之旨）。就儒释道各自的发展而言，三教通过互相激发借鉴，在各自内部不断趋近之或完善表现之；就文化整体而言，至少从唐宋以来，三教融合成为中国文化发展的大趋势（不管是否承认，这样的融合是实际发生的），其内在理路即是不断趋近此真精神。王阳明的"致良知"教法，从儒家内部发展来说相当于儒家的一乘教，就中国文化而言，则可看作三教融合的成果。阳明诗云"不离日用常行外，直造先天未画前"，其特点是每个人就各自职业和身份的方便，在日常生活中随时随地用工夫修炼；佛、道两家的近现代趋势也是在家居士逐渐成为主流乃至起到中流砥柱的作用，都是这种文化精神的体现。

但是融合并不必然取消各自的独立性，三教可以在保持自己宗旨的前提下吸收融合他教因素，同时承认别家的价值和存在意义。这就涉及"判教"。这个词起源于佛教，随着历史发展，佛教内部宗派林立，互争短长，乃至存在分裂的危险，此时就有人出来，将各宗各派放在同一个系统之中，分别判定其所处位置，理顺彼此的关系，衡量各派的特点及优劣。判教者往往是一派之宗师，以本派为立足点，对本派和他派分别给予定位和评价，而其他派别的宗师也会站在各自的基点上作出不同的判教。诸如历史上发生的天台与华严的判教，彼此争竞，但是站在第三者的立场上看，他们虽然判教不同，在各自的立足点上可以分别成立，不相妨碍，就像密宗之曼荼罗（意译为坛场，表示在功境中观见的诸佛菩萨金刚的空间排列，可铸成立体的土坛，亦可画成圆或方形的图画，以助修行），每一尊都可作为一个中心（本尊），其余诸尊层层围绕，成立一个曼荼罗；无数的曼荼罗各自成立，不相妨碍。

判教的前提是承认其他宗派也有其价值和意义，大家在大方向上是一致的；通过确立彼此的位置关系，可以更好地认识各自的特点，从而扬长避短，利于发展完善。在佛教历史上，判教也正是发挥了这样的正面作用，虽然从表面上看，各派的判教争论激烈，但这是体系内部的竞争，而非你死我活的正邪之争，并且促进了各自的发展和相互的融合。上述阳明"三间屋子"的说法，其实是基于儒的三教之间的"判教"，这样的态度与宋儒特别是理学一系比较，性质已经改变了——由正邪之争变成了高低、偏圆的中国文化内部之争。现代以来，立足于世界文化作出更大范围的新的"判教"尝试的不乏其人，比如太虚、牟宗三就分别以佛、儒立场判教，皆有较大影响。这是因应时代需要，在政教分离、信仰自由、文化交流密切的大环境下——这是现代化带来的便利——求生存意义上的对立争斗已经不是宗教间的主要问题，相反，各宗教、各文化传统在超拔人的精神、丰富人类精神生活这个大方向上是一致的，需要联合起来共同面对时代的困境——现代性的弊病带来的精神的扁平化、环境的恶化等。因此，世界文化范围内的判教是必要的和有效的方法，需要后来者继续拓展和深化。

　　修行者有各自的选择，可以融合多家，也可以持守单一的法门，但不妨多了解一下别家别派，才能了解自家所处的位置，掌握其特点，扬长避短；如果不顾现实环境，重弹排斥异端的老调，则难免胶柱鼓瑟，误人害己。当今常见的现象，自认为佛教徒的，往往以儒、道为不究竟而轻慢之，佛门修持之精微对治工夫既未学到手（这也与时代有关，精细分析起观的唯识等法门衰落不行，净、禅之门又容易产生粗略简慢之流弊），如能借鉴宋明儒学之反身体察工夫本可大有补益，却因门户之见，不仅不得其益，反助长自身傲慢。以"醇儒"自命者，拾人牙慧以为"吾道自足"，甚者重启理学、心学之衅，狭小其心胸，自绝"上达"之路，终身落于阳明所贬斥的"世儒""俗儒"（实即孔子所斥之"小人儒"）而不觉。

今天所面对的问题，与宋儒当时相似，需要将失落的修身"旧路径"找出来，在新环境下接着走。这就要求，首先知人论世地了解宋儒的工夫路径，在此基础之上，继承其精神，借鉴其经验，走出适应时代、符合自身特性的新路。与古时相比，今天外部环境的变化可谓天翻地覆，人类文化的融合、科学的发达和思想资源之丰富，是前所未有的，同时人类文明危机、自然环境恶化之深重，也是空前的。与前贤相较，我们须具备更广阔的视野，置身于更完备的坐标系中，找到属于自己的那一条路。换言之，只有胸怀全局，参照他者，才能找准自己的位置；只有准确定位，了解自己，才能广泛借鉴，发生新的融合。

意犹未尽，再多说一句。上古以来，人类的历史似乎是天人逐代远离的过程，与此相应，精神修炼的工夫也由重他力转向重自力，从浑沦到精微，从天人相应到内观心性。所谓物极必反，当科技走上顶峰，环境急剧恶化，内心危机感极度飙升之际，天人关系或许会再度拉近，此时或有某种消息来临——倾听内心的声音，参照远古的神话，注重情意的浑沦工夫，乃至借助科技的幻化功能，或许可以熔为一炉，迎来千年未有的机缘……

五、丛书缘起

十几年前我入职出版社不久，注意到马一浮先生于1940年代主持复性书院期间刊印的"儒林典要"丛书，心有戚戚焉。

其时笔者正经历读书求学的转折期。负笈上海读博，专业从文学转到历史，还旁听了些哲学系的课，脑袋里塞了不少知识概念观点，但是对于中国文化总觉不得其门而入，另外内心深处一直藏着的那个动力——寻求一条精神超越之路——始终在鼓荡。因作博士论文的需要，一边细读阳明和门弟子相关语录，同时读到牟宗三《从陆象山到刘蕺山》，恍然有悟，认识到《传习录》等书本来就是修行工夫手册，正是士君子的上出之路，里面的师徒问答，无非是讨论走在这条路上的经验、疑难和风光。我的困惑迎刃而解，也找到了自己苦苦寻觅的人生方向。按此思路，将四书到宋明儒诸典寻绎一过，无不若合符节，种种疑难涣然冰释。同时从牟宗三上溯熊十力、梁漱溟、马一浮诸家，无不亲切有味。回顾现代新儒家四先生于我之帮助，牟、熊引领我切入儒佛义理系统；梁、马义理阐发各有精到之外，注重工夫实践，更能引发我的共鸣。

有此前缘，当看到马先生"儒林典要"诸书时，萌发一念：与我有类似困惑者当不在少数，推己及人，何不将这套书完整出版，一则为有缘人趋入传统学问提供便利，二则亦可实现马先生未完成的计划。

甫一着手，便发现两个障碍。首先需要确定书目。马先生 1939 年主持复性书院之初即有刻印群籍的计划，"儒林典要"为其中之一，当时正值战乱，典籍不备，计划也不断有所变化，需要在理解马先生思路的基础上根据当今现实需要加以调整。再者，需要为每本书寻找合适的导读者。这套书除了系统地推出宋明儒学著作之外，更重要的是帮助读者回到原典本义，读懂理出工夫理路、方法，并能在生活中实地运用验证，为此需要在书前各增加一个详细的导读，这是本丛书区别于其他整理本的主要特征。然而，以我当时的阅历范围，举目四顾，能当此任者实难其人。只好暂时搁置，自己求师访友之余，此念未尝或离。所谓念念不忘必有回响，多年以后，同道师友圈子却也逐步扩大，亦渐渐颇有愿意襄助此举者。现在终于可以逐步落实此事。

据马一浮先生《复性书院拟先刻诸书简目》（下称《拟目》），列入"儒林典要"初步计划的共有近40种（此外另有传记、年谱类六种列入"外编"），其中除少量文集外，大多是宋至清儒代表性的专书（包括语录）。此后马先生还约请与宋明儒学渊源甚深的钟泰先生（钟先生乃号称最后的儒家学派"太谷学派"之重要传人）整理了一份《儒林典要拟收明代诸儒书目》（下称《续拟目》；据钟先生《日录》"1945年10月7日"条，言将此"交湛翁酌定"，应为未定稿），共60余种，大多为文集。经查考，复性书院当年陆续刻印了"儒林典要"13种，均为宋明儒自著或经后儒辑注的专书，如周敦颐撰、明儒曹端编注的《太极图说述解》，罗近溪《盱坛直诠》等。寻绎马先生的辑编思路，当以能够代表著者的学问、体现其工夫的专书为主，文集之列入拟目者，盖因缺少该著者现成的专著，或文集本身篇幅不大，取其辑刻方便耳。①钟泰《续拟目》中，亦言明"文集虽存，而既有专著，求其学不必定于其文者"，则收专著不收文集（钟泰《续拟目》及《日录》见于上海古籍出版社 2021 年版《钟泰著作集》第 5，第 2 册）。

加之诸儒文集、全集如今多已有整理本出版，现在重新出版这套书，当淡化保存典籍资料之意，更为突出"工夫"之旨，故而本丛书仅取专书，并在确定书目上颇费斟酌：首先在复性书院已刻和拟刻书目中选取专书，又从正、续《拟目》所列文集中抽出重要的语录或专著，并参考马一浮《复性书院讲录》中所列必读书目，综合去取整

---

① 其中宗师大家则另出全集，而不列入"儒林典要"。马先生在《拟目》中说：周、二程、张、朱诸家全集"拟合为宋五子书别出，象山、阳明全集亦拟别出，以此七家并为巨子。其中以朱子书卷帙尤多，俱应用铅字摆板印行，不列入'典要'目中"。钟先生《续拟目》中多收明儒文集，或另有保存典籍的意思。

理而成，名之为"新编儒林典要"，以示继承先贤遗志之意。

如前所说，丛书"导读"的首要任务是引导读者回到工夫本身，兼以自身实践经验加以解说以供参考。为此，与每一位参加导读工作的师友"约法三章"：

一、除了作者经历、学问渊源和成书背景等内容之外，适当介绍圣贤气象，使读者兴起向往之心和亲切之感。

二、紧紧围绕实践工夫，从实地用功的角度提示具体的路径、方法。必要的话阐释基本义理，但也是为了说明工夫的原理，不能脱离工夫谈义理。

三、语言上须"去学术化"，不要写成"论文体"，尽量用日常语言，辅以通俗易懂的传统话语，不用或尽可能少用现代学术术语。

导读是重中之重，人选亦难乎其难，每书尽量做到导读与原典对应，在大旨无违的前提下尊重导读者各自的立场和风格。"君子和而不同"，导读者既为各自独立的修学者，经历、师承不同，其志趣、路径亦有差别；"弱水三千，各取一瓢饮"，导读者以自家眼光读解，读者各取所需可也。因笔者眼界所限，导读者队伍仍显单薄，随着丛书陆续出版，期待有缘者不断加入。因各书情况多有差异，丛书体例虽大致统一，亦不强求一律，总以符合读者需求、整理方便为量。

以上记其本末，不觉缕缕。世间事物的成立，不出感应之理，不外乎因缘二字；有一内在的起因，亦须有众缘和合。众缘的具备固自有其时节，不可勉强；所谓发心，本身亦有其感应因缘在，其理无穷。忽忽十数载，书终于面世，感喟何如！此后其与读者之因缘感应，亦无穷也，留待诸君各自品味。

刘海滨

2022 年 11 月 21 日，于海上毋画斋

导读：作为修身工夫的朱子读书法

一、引　言

随着电脑、智能手机和互联网深入千家万户，阅读的方式越来越多元化，目的和功能也更趋多元化。大体而言，现代人有三种读书方式：功利性读书、娱乐性读书和知识性读书。所谓功利性读书，乃仅仅为了考试、升学或写论文、报课题而读。此种读书的目的很功利，就是为了得到现实的利益，乃古语所谓"书中自有黄金屋，书中自有颜如玉"也。所谓娱乐性读书，是指为了打发时间，寻求一些刺激性信息以获得暂时的快感，用一个时髦的词就是"悦"读。这种读书（包括读电子书和网络书），多为碎片化阅读，以读心灵鸡汤式的软文居多，已成为当代最主要的阅读方式。所谓知识性读书，是为纯粹的求知而读。这种读书是出于人的好奇心、为获取知识而读，如果这种好奇心持续、深入某个领域，就成了科学研究。这种读书是亚里士多德所谓的"人有求知的本能"的体现。但是，我们似乎忘记了古人还有另一种读书方式，这就是生命性读书。所谓生命性读书，乃为滋润自己的生命、提升自身的人格而读。这种读书，是在与经典的心灵交流中，去体味自己真实的存在，去洗涤自己心灵上的污垢，去开启自己本来灵慧的心智，从而使身心愉悦、生命境界得以提升。这种读书，因沉潜其中而得至乐，如吾夫子所言"其为人也，发愤忘食，乐以忘忧，不知老之将至"，也如陶渊明所言"好读书，不求甚解，每有会意，便欣然忘食"。这种读书法，亦可称为"修身性读书"，是一种修身工夫，意在生命质量的净化、纯化，生命境界的跃进、提升。古人对此多有所言，其中以朱熹最为代表，他可谓古代言读书法的集大成者。其论读书法之言，主要汇集在两种朱子弟子或后学汇编的《朱子读书法》之中：一是通行的四卷单行本《朱子读书法》，由朱熹后学张洪、齐熙编成。二是编入《朱子语类》的两卷《读书法》，有黎靖德编本和黄士毅编本。其中今存黄士毅本为宋刻本，更接近朱子文本原貌，故本书择取以资补充。

二、朱子读书法与修身工夫

作为一位百科全书式的学者，朱熹言读书法，当然包括求知的路向。如他说："为学之道，莫先于穷理；穷理之要，必在于读书。"（张洪等编《朱子读书法》卷一《纲领》）读书穷理，当然是求知，这涉及经典诠释问题。于是就有从西方诠释学的视角来研究朱子读书法的。如余英时说："中国传统的读书法，讲得最亲切有味的无过于朱熹。……朱子不但现身说法，而且也总结了荀子以来的读书经验，最能为我们指点门径。我们不要以为这是中国的旧方法，和今天西方的新方法相比早已落伍了。我曾经比较过朱子读书法和今天西方所谓'诠释学'的异同，发现彼此相通之处甚多。'诠释学'所分析的各种层次，大致都可以在朱子的《语类》和《文集》

中找得到。"① 虽然海德格尔的本体诠释学和伽达
默尔的哲学诠释学涉及诠释（或理解）与生命存在
或实践的关系，但其理论的核心或切入点毕竟在于
"认知"②。故朱子读书法虽与诠释学有不少相通之
处，但其重点或核心不在此（即诠释或认知），而
是指向修身。其所穷之"理"，除自然之理外，主
要是指人事之理、修身之理。如他说："夫天下之
事，莫不有理。为君臣者，有君臣之理；为父子
者，有父子之理；为兄弟、为夫妇、为朋友，以至
出入起居，应事接物之际，亦莫不各有其理。有以
穷之，则自君臣之大，以至事物之微，莫不知其所
以然，与其所当然，而亡纤芥之疑，善则从之，恶
则去之，而无毫发之累。"（《朱子读书法》卷一
《纲领》）其穷理的目的并不在于纯粹追求知识
（对于一般的知识，如名物、制度之类，朱熹认为
略知即可），而是修身（所谓"善则从之，恶则去
之"）。所以，其整个读书法主要是建立在生命践

---

① 余英时：《怎样读中国书》，见《钱穆与中国文化》，
上海远东出版社，1994 年，第 310 页。
② 彭国翔：《身心修炼：儒家传统的功夫论》，上海三联
书店，2022 年，第 164 页。

履、道德实践的基础上的。

正是基于生命践履、道德实践的视角，朱熹确立了儒家经典的权威地位（这是读何书或以何书为重的问题）。虽然朱熹主张无书不可读，如他说："书那有不可读者？"但又认为，"只怕无许多心力读得。"（黎靖德编《朱子语类·读书法下》）因此，就必须选择最重要的书来读，在朱熹那里就是儒家经典。因为天理或道存在于其中。他说："六经是三代以上之书，曾经圣人手，全是天理。"又说："道之在天下，其实原于天命之性，而行于君臣、父子、兄弟、朋友之间；其文则出于圣人之手，而存于《易》《书》《诗》《礼》《春秋》、孔孟氏之籍。"（《朱子读书法》卷一《纲领》）这类书是垂世立教之大法，是修身之依据（甚至是唯一的依据）。他说："圣人之书，大中至正之极，而万世之标准也。……盖取诸此而无所不备，亦修吾身而已矣。"（《朱子读书法》卷一《纲领》）又他说："矧自周衰，教失礼乐，养德之具一切尽废，所以维持此心者，惟有书（此指儒家经典）耳。"（《朱子读书法》卷一《纲领》）因此，其读书的重点就在于经典阅读（或研读）。如他比较经史的轻重说:"看经书与看史书不同:史是皮外物事,没紧要,可以札记问人。若是经书有疑,这个是切己病痛,如人负痛在身,欲斯须忘去而不可得。岂可比之看史,遇有疑则记之纸邪?"(黄士毅编《朱子语类·读书法上》)如此,经典才是真正的用功之所在,是入德修身之门。但是,朱熹并不主张只读经典,而是有一个经—史—子的先后轻重的阅读次序:"故必先观《论》《孟》《大学》《中庸》,以考圣贤之意;读史以考存亡治乱之迹;读诸子百家以见其驳杂之病。其节目自有次序,不可越过。"(黄士毅编《朱子语类·读书法上》)同时,读其他书,也必须以经典作为权衡,作为根基。如他说:"凡读书,先读《语》《孟》,然后观史,则如明鉴在此,而妍丑不可逃。若未读彻《语》《孟》《中庸》《大学》,便去看史,胸中无一个权衡,多为所惑。"(黎靖德编《朱子语类·读书法下》)因此,在某种程度上说,朱熹的读书,就是诠释经典,就是践履经典。

正是基于经典中蕴含的丰富的修身思想,朱熹将读书作为一种修身工夫。他在八九岁阅读经典时,就产生了这种想法,此后就一直坚持这种读书法。他说:"孔子曰:'仁远乎哉,我欲仁,斯仁至矣。'这个全要人自去做。《孟子》所谓弈秋，只是争这些子，一个进前要做，一个不把当事。某年八九岁时，读《孟子》到此，未尝不慨然奋发，以为学当如此做工夫，当时便有这个意思如此，只是未知得是如何做工夫。自后更不肯休，一向要去做工夫。"（《朱子语类》卷一百二十一）沿着这一工夫论路向，朱熹后来不厌其烦地谈读书法。那么，如何理解作为修身工夫的读书？其中包括哪些面向？

首先，朱熹将读书作为修身工夫的第一步。其整个修身体系是建立在《大学》的基础上的，他说："《大学》一篇，乃入德之门户，学者当先讲习。"（《朱子读书法》卷一《纲领》）而《大学》修身第一步是格物。朱熹补《大学》"格物"传曰："所谓致知在格物者，言欲致吾之知，在即物而穷其理也。……是以《大学》始教，必使学者即凡天下之物，莫不因其已知之理而益穷之，以求至乎其极。至于用力之久，而一旦豁然贯通焉，则众物之表里精粗无不到，而吾心之全体大用无不明矣。此谓物格，此谓知之至也。"①《大学》本无此

---

① 朱熹：《四书章句集注》，中华书局，1983 年，第 6—7 页。

传，朱熹特补之，因为这是其整个工夫论的起点。而朱熹又认为，"读书是格物一事"，并接着举例说："今且须逐段子细玩味，反来覆去，或一日，或两日，只看一段，则这一段便是我底。脚踏这一段了，又看第二段。如此逐旋捱去，捱得多后，却见头头道理都到。这工夫须用行思坐想，或将已晓得者再三思省，却自有一个晓悟处出，不容安排也。"（黎靖德编《朱子语类·读书法下》）这（即读书）与上引文所说的格物工夫是相通的。故读书可谓格物穷理的捷径，通过反复读书，可以获得理，因为天理已发明在圣贤的经典中。读书才能明理，明理后，才能真正做工夫，故朱熹说："而今只管说治心、修身，若不见这个理，心是如何地治？身是如何地修？"（《朱子读书法》卷一《纲领》）可见，读书是修身的第一步，如果不读书明理，则不知工夫如何着手。

但是，如果读书仅仅停留于穷理或致知，这还不是实质性的修身工夫。正是从这个角度看，朱熹认为，读书还不是真正的"学"（即修身之学），所以他说："读书乃学者第二事"，"学问就自家身己上切要处理会，方是。那读书底已是第二义。"

（《朱子语类·读书法下》）但如果读书时能"就自家身己上切要处理会"，那读书本身就是实质性的修身工夫。如果读书时，能"以心体之，以身践之"（《朱子读书法》卷一《纲领》），这就是一个身心修炼的体认、体证过程，已进入实质性的修身阶段。对于这种读书工夫，朱熹举例说："一向只就书册上理会，不曾体认着自家身己，也不济事。如说仁义礼智，曾认得自家如何是'仁'？自家如何是'义'？自家如何是'礼'？自家如何是'智'？须是着身己体认得。如读'学而时习之'，自家曾如何'学'？自家曾如何'习'？'不亦说乎'，自家曾见得如何是'说'？须恁地认始得。"（黄士毅编《朱子语类·读书法上》）这种读书时就圣贤之言的体认工夫，显然是一种实质性的修身工夫。朱熹甚至认为，读书紧要处，就是要看圣人如何教人做工夫，"如用药治病，须看这病是如何发，合用何方治之；方中使何药材，何者几两，何者几分；如何炮，如何炙，如何制，如何切，如何煎，如何吃。只如此而已"（黄士毅编《朱子语类·读书法上》）。这完全是从工夫论的角度论读书。

因此，从这一角度来看，读书本身即是学，即是修身。对此，朱熹多有言之，如："读书穷理，便是为学，其他也无陶铸处。"（《朱子读书法》卷三《纲领》）"若能沉潜专一看得文字，只此便是治心养性之法。""读书一事，可为摄伏身心之助。"（《朱子读书法》卷三《循序渐进》）如此，读书与身心修炼（即修身）二者实密不可分。① 如朱熹答黄仁卿书曰："看书须随事观理，反覆涵泳，令胸次开阔，义理通贯，方有意味。……大抵不论看书与日用工夫，皆要放开心胸，令其平易广阔，方可徐徐旋看道理，浸灌培养。切忌合下便立己意，把捉得太紧了，即气象促迫，田地狭隘，无处着工夫也。此非独是读书法，亦是变化气质底道理。"（《朱子读书法》卷四《虚心涵泳》）也就是说，读书工夫与日用的修身工夫其实是一致的，亦是"变化气质"的工夫。

从身心修炼的角度看，朱熹还强调读书要有身体的参与，而不仅仅是一种心智活动，故读书是身心交关的修身工夫和过程。其题读书之所曰："敛

---

① 彭国翔：《身心修炼：儒家传统的功夫论》，第186页。

身正坐，缓视微吟。虚心涵泳，切己体察。宽着期限，紧着课程。研精覃思以究其所难知，平心易气以听其自得。"（《朱子读书法》卷一《纲领》）在此，"敛身正坐，缓视微吟"是身体的参与，而"虚心涵泳，切己体察"则是心智的活动；"平心"是心智的活动，"易气"则是身体的参与。此读书过程或工夫就是身心交关的过程或工夫。这类说法还有：

> 看文字，须大段着精彩看。耸起精神，竖起筋骨，不要困，如有刀剑在后一般。（《朱子读书法》卷三《熟读精思》）

> 凡读书，须整顿几案，令洁净端正，将书策齐整顿放，正身体，对书册，详缓看字，子细分明。读之须要读得字字响亮，不可误一字，不可少一字，不可多一字，不可倒一字，不可牵强暗记。……余尝谓读书有三到：心到，眼到，口到。（《朱子读书法》卷一《纲领》）

"耸起精神"属心，"竖起筋骨"属身，这是一个身心交关的读书工夫；而"正身体，对书册，详缓看字，子细分明"，"心到，眼到，口到"，也是身心交关的读书工夫。

三、朱子的六种读书法所
蕴含的工夫意蕴

张洪、齐熙所编《朱子读书法》，将朱熹的读书法分为六条，即循序渐进、熟读精思、虚心涵泳、切己体察、着紧用力、居敬持志，并依此将朱熹读书的相关言论条列其下。这种分类和编纂方法，作为朱熹后学的张洪、齐熙，显然是得朱子读书法的精髓的。此六条即朱熹六种具体的读书法。此六种读书法均关联到修身，蕴含丰富的工夫意蕴，下面略阐释之，以使读者有所入门。

1. 循序渐进

循序渐进包括群书先后缓急之序和每书诵读考索之序。张洪、齐熙说："群书先后缓急失其序，则迂回艰苦，而不切于其身；每书诵读考索失其序，则匆遽急迫而无得于其心。皆非读书之法也。"

（《朱子读书法》卷一《循序渐进》）这是从反面说，如果读书不循序渐进，则非身心修炼之道，即非读书之法。他们明显将读书之循序渐进作为一种修身工夫来看待，此亦正朱熹之意。

（1）先说群书先后缓急之序。朱熹认为，读书的顺序是先经后史、子，此前文已论。而读经典的顺序则是先四书，后六经。这是因为六经难读，而四书易读，需先易后难；更重要的理由则在于，四书确立了儒家整个修身体系、规模，甚至细目。所以朱熹认为，对于四书，"果然下工夫，句句字字，涵泳切己，看得透彻，一生受用不尽。"（《朱子读书法》卷三《循序渐进》）就是说，四书是儒家修身为人的奠基之作，如果从此下工夫，则读书、修身有本："若理会得此四书，何书不可读？何理不可究？何事不可处也？"（《朱子读书法》卷一《循序渐进》）而读四书，则需先读《大学》，后《论语》《孟子》，最后《中庸》。他说：

> 《大学》垂世立教之大典，通为天下后世而言者也。《论》《孟》应机接物之微言，或因一时一事而发者也。是以《大学》之规模虽

大，然其首尾该备而纲领可寻，节目分明而工夫有序，无非切于学者之日用。《论》《孟》之为人虽切，然而问者非一人，记者非一端，或前后浅深之无序，或抑扬进退之不齐，其间盖有非初学日用之所及者。此程子所以先《大学》而后《论》《孟》，盖以其难易缓急言之，而非以圣人之言为有优劣也。至于《中庸》，则又圣门传授极致之言，尤非后学之所易得而闻者。故程子之书，未遽及之，岂不又以为《论》《孟》既通，然后可以及此乎？盖不先乎《大学》，无以提挈纲领，而尽《论》《孟》之精微；不参之《论》《孟》，无以融贯会通，而极《中庸》之归趣。然不会其极于《中庸》，则又何以建立大本、经纶大经，而读天下之书、论天下之事哉？（《朱子读书法》卷一《循序渐进》）

就是说，《大学》确立了儒家修身之大纲，《论语》《孟子》则落实于具体的修身细目，而《中庸》则通达天道，是修身的大本、大经。其间顺序不可乱，但又构成一个统一的相互联系的修身体系。其中，朱熹又尤其强调"《大学》是圣门最初用工处，格物又是《大学》最初用工处"（《朱子读书法》卷三《循序渐进》）。如此，则修身工夫从格物始，而读书作为格物中一事，则具有始源性意义。

（2）再说每书诵读考索之序。此是说"读书须看一句后，又看一句；读一章后，又读一章"（《朱子读书法》卷三《循序渐进》），如此日积月累，必有所得。他举《大学》为例说："且如看《大学》，如都不知有他书相似。逐字逐句，一一推穷；逐章反覆，通看本章血脉；全篇反覆，通看一篇次第。终而复始，令其通贯浃洽，颠倒烂熟，无可看得，方可别看一书。"（《朱子读书法》卷一《循序渐进》）这种读书法重在逐字逐句逐章，反复体会而融会贯通。朱熹尤其强调，一日之间，只读一二章或两三段即可，其要在心与理会，从容玩味其间。如此读书，其实也是一种修身工夫。如他说读《论语》，聪明人一日也不过两三段（重在"逐字逐句，一一推穷"），"如此亦可以治躁心"（《朱子读书法》卷三《循序渐进》）。又说："（对于这种读书法）若信得及，早脚踏实地，如此做去，良心自然不放，践履自然纯熟，非但读书一事也。"（《朱子读书法》卷一《循序渐进》）朱熹如此说，是在指出这种读书法即是一种修身工夫。

2. 熟读精思

朱熹教人读书，既要熟读，又要精思，如此才有所得。他说："大抵观书，先须熟读，使其言皆若出于吾之口；继以精思，使其意皆若出于吾之心，然后可以有得尔。"（《朱子读书法》卷一《纲领》）熟读精思，是将身心放入经典之中，消化其内容，并将圣贤所言转化为自己所得，这需要经一番大磨炼之苦工。朱熹说："这个工夫须是从大火中锻炼，教他通红，镕成汁、泻成铤方得。只今是火面上炮熟，全然生硬，不属自家使在，济得甚事？须是纵横舒卷，皆由自家搦成团，捺成匾，放得去，收得来，方可。"（《朱子读书法》卷一《熟读精思》）此以比喻说法，"从大火中锻炼"是指熟读精思之苦工，"教他通红，镕成汁、泻成铤"是指消化经典，"皆由自家搦成团，捺成匾，放得去，收得来"是指经典变成自家所有而能自由发挥。这一过程，其实就是一个身心修炼的过程。朱熹说："学者正当熟读其书，精求其意，考之吾心以求其实，参之事物以验其归，则日用之间，讽诵思存，应务接物，无一事之不切于己矣。"（《朱子读书法》卷三《熟读精思》）所谓"考之吾心以求其实，参之事物以验其归""应务接物"，即是身心修炼的工夫，此与读书已打成一片。

这种读书，是一种磨炼心性的工夫。如朱熹说："为学、读书，须是耐烦细意去理会，切不可粗心。……须是今日去了一重，又见得一重；明日又去了一重，又见得一重。去尽皮方见肉，去尽肉方见骨，去尽骨方见髓，使粗心大气不得。"（《朱子读书法》卷一《熟读精思》）又说："读书须痛下工夫，须要细看，心粗性急，终不济事。……只管如此，将来粗急之心亦磨礲得细密了。"就是说，如此读书，能磨礲粗急之心，从而使心性细密。这种读书，也是消除心性之污垢的工夫。朱熹说："读书须随章逐句子细研究，方见义味。若只用粗心，但求快意，恐无以荡涤尘埃，划除鳞甲也。"（《朱子读书法》卷三《熟读精思》）又说："将《语》《孟》正文端坐熟读，口诵心维。虽已晓得文义，亦须逐字忖过，洗涤心肝五脏许多忿憾之气，管取后日须有进步处，不但如今日而已。"
（《朱子读书法》卷三《熟读精思》）就是说，如
此读书，能"荡涤尘埃，划除鳞甲"，"洗涤心肝
五脏许多忿憾之气"，即消除心性之污垢，净化
心性。

3. 虚心涵泳

虚心，是指心平气定、不带己见地去读经典，
涵泳是指仔细读经典，优游玩味于其中，如此才能
见圣贤之意。朱熹说："读书且要虚心平气，随他
文义体当。不可先立己意，作势硬说，只成杜撰，
不见圣贤本意也。"（《朱子读书法》卷四《虚心涵
泳》）又说："近日看得读书，别无他法，只是除
却自家私意。而逐字逐句，只依圣贤所说，白直晓
会，不敢妄乱添一句闲杂言语，则久久自然有得，
凡所悟解，一一皆是圣贤真实意思。"这种不带己
见的虚心涵泳法，似乎接近诠释学所谓追求文本
"本意"的立场，包含了一种客观认知的态度，与
伽达默尔所谓的"丢弃自己"是相通的。① 但是，

———————

① 彭国翔：《身心修炼：儒家传统的功夫论》，第 177 页。

对朱熹而言，这是与圣贤相遇的途径，是与圣贤心心相印的法门，其中仍蕴含着修身工夫。如其《中庸集解序》曰："读《中庸》者，毋跂于高，毋骇于奇。必沉潜乎句读、文义之间，以会其归；必戒慎恐惧乎不睹不闻之中，以践其实。庶乎优游厌饫，真积力久，而于博厚、高明、悠久之域，忽不自知其至焉。"（《朱子读书法》卷二《虚心涵泳》）这是在虚心涵泳经典（"必沉潜乎句读、文义之间，以会其归"）的同时，依其言做修身工夫（"必戒慎恐惧乎不睹不闻之中，以践其实"）。

此读书法，一方面是"虚心深味其旨"，一方面是"反之于身"，所以，朱熹认为虚心涵泳亦是一种修身工夫。如他说："看书须随事观理，反覆涵泳，令胸次开阔，义理通贯，方有意味。……大抵不论看书与日用工夫，皆要放开心胸，令其平易广阔，方可徐徐旋看道理，浸灌培养。切忌合下便立己意，把捉得太紧了，即气象促迫，田地狭隘，无处着工夫也。此非独是读书法，亦是变化气质底道理。"（《朱子读书法》卷四《虚心涵泳》）就是说，此读书法与日用工夫是相通的，亦是变化气质的修身工夫。如果依此法读书，"自然血脉通贯，无所底滞，然后可言有益于吾身"。反之，则易生疾病。朱熹说："平心和气，却是吾人学问根本。不必大段着力记当，损人心力，使人血气不舒，易生疾病。"如此看，虚心涵泳实为身心修炼的重要法门，具有意义治疗学的作用。

4. 切己体察

所谓切己体察，是指读书时结合自己的思想行为，以此来体证、省察之。这与身心修炼更为密切。朱熹说："读书须将圣贤言语，就自家身上做工夫。"又说："读书不可只专就纸上求义理，须反来就自家身上推究。"（《朱子读书法》卷二《切己体察》）又说："读书先看大指，却就诸说一一就自己分上体当出来，庶几得力耳。"（《朱子读书法》卷四《切己体察》）朱熹这类指点读书的话甚多，均在强调切己体察之功。他认为经典中有很多这类话，他说："日用切己之功，圣贤之言详矣。其在《大学》《论》《孟》《中庸》者，文义分明，指意平实，读之晓然。"（《朱子读书法》卷四《切己体察》）朱熹又就如何用切己体察之功，以举例来说明，他说：

人之为学，也是难。若不从读书上做工夫，又茫然不知下手处。若字字求，句句论，而不于身上着工夫体认，则又无所益。且如孔子说"我欲仁，斯仁至矣"，然亦未尝许弟子以仁。虽颜子之贤，亦以为不能不违于三月之后，何也？学者盖亦于日用间体验，我若欲仁，其心如何？仁之至不至，其意又如何？又如圣人说非礼勿视勿听勿言勿动，盖于每事省察，何者为非礼？而吾又何以勿视勿听勿言勿动？若能如此读书，庶几有得。（《朱子读书法》卷二《切己体察》）

这是直接以圣贤之言，就自己身上做工夫，已经是实实在在地在做身心修炼的工夫了。如此，读书即是修身，二者无别。

所谓切己体察，具体而言，是将圣贤之言、之理，当作自家所有，与己融为一体。朱熹说："入道之门，是将自己个身入那道理（即经典中的道理）中去，渐渐相亲，与己为一。"（《朱子读书法》卷二《切己体察》）又说："体犹体究之体，言以自家己身体那道也。盖圣贤所说，无非道者。

只要自家以此身去体他，令此道为我有也，如克己便是体道工夫。"（《朱子读书法》卷二《切己体察》）朱熹还认为，除平常读书时需用此工夫外，还要到社会这个大熔炉中印证。他说："而今看天理人欲、义利公私，分别得明白，将自家日用底，与他勘验，须渐有见处。若不去那大坛场上行，理会得一句透，只是一句道理耳。"（《朱子读书法》卷二《切己体察》）就是说，不仅读书要将所读圣贤之言来就自身日用处"勘验"，还要到社会"大坛场"中去做切己体察之功，如此才能透悟，得真正的受用。如此读书，就能起到变化气质、修养身心的功效。朱熹说："若实有为己之心，但于此显然处严立规程，力加持守，日就月将，不令退转，则便是孟子所谓深造以道者。……及其真积力久，内外如一，则心性之妙无不存，而气质之偏无不化，所谓自得之而居安资深也。"（《朱子读书法》卷四《切己体察》）所谓"严立规程，力加持守"，是指读书功课；"实有为己之心""力加持守，日就月将，不令退转"，是指切己体察之功；而"心性之妙无不存，而气质之偏无不化"，则是指变化气质之功效。

5. 着紧用力

所谓着紧用力，是指读书勇猛精进、持之以恒、一心一意、着实用功。朱熹说：

> 人生虚浮，朝不保夕，深可警惧。（读书）直当勇猛精进，庶几不虚作一世人也。（《朱子读书法》卷四《着紧用力》）
>
> （读书）如见阵厮杀，擂着鼓，只是向前去，有死无二，莫要回头，始得。（《朱子读书法》卷二《着紧用力》）
>
> 读书时，当将此心葬在此书中，行住坐卧，念念在此，誓以必晓彻为期。外面有甚事，我也不管，只一心在书上，方谓之善读书。（《朱子读书法》卷二《着紧用力》）

这种读书法，本身就是一种精神、意志的磨炼过程。朱熹说自己十六七岁时就开始用这种工夫。他说："熹自十六七时，下工夫读书，彼时四畔皆无津涯，只是恁地着力去做。至今虽不足道，但当时也吃了多少辛苦，读了多少书。"（《朱子读书法》卷二《着紧用力》）因此，朱熹极力反对学者悠悠、懒惰之病。他说："学者悠悠，最是大病。今觉得诸公尽是进寸退尺，每日理会些少文义，都轻轻拂过了，不曾动得皮毛上。"（《朱子读书法》卷二《着紧用力》）又说："懒惰一病，无药可医。人之所以懒惰，只缘见此道理不透，所以一向提掇不起。若见得道理分明，自住不得，岂容更有懒惰时节邪？"（《朱子读书法》卷四《着紧用力》）在朱熹看来，读书悠悠、懒惰之病，在于见理不透。而见理不透，其实也是因为悠悠、懒惰，不曾着紧用力。二者可谓互为因果。所谓悠悠、懒惰之病，其实就是心性工夫的缺乏。

朱熹在强调读书着紧用力的同时，又认为还需优游涵泳，反复体味，这就勾连起了前面所言的"虚心涵泳"。他说："读书须要耐烦，努力翻了巢穴。譬如煎药，初煎时须着猛火，待滚了，却退着，以慢火养之，读书亦如此。"（《朱子读书法》卷四《着紧用力》）又说："诸友只有个学之意，都散漫，不恁地勇猛，恐虚度了日子。须着火急，痛切意思，严了期限，趱了工夫，办个月日气力，去攻破一过，便就里面旋旋涵养。"（《朱子读书法》卷四《着紧用力》）就是说，读书先要用猛火攻（着紧用力），然后再慢火养（优游涵养）。如此下功夫读书，就可以见"天道性命"而有益于身心之修养。朱熹对学生说："读书探道有新功否？岁月易失，义理难明，但于日用之间，随时随处提撕此心，勿令放逸。而于其中随事观理，讲求思索，沉潜反覆，庶于圣贤之教渐有密相契处，则自然见得天道性命，真不外乎此身。"（《朱子读书法》卷四《着紧用力》）

6. 居敬持志

所谓居敬持志，就是指高度收敛精神、集中精力，持守心志以使其虚静，从而以此精神、心境去读书。其核心是"敬"，敬是朱熹学问的最重要工夫，几乎凡事都要用敬，读书时之敬只是其中的表现之一。如朱熹说："某旧见李先生常教令静坐，后来看得不然。只是一个'敬'字好。方无事时，敬以持凡心，不可放入无何有之乡，须是收敛在此；及应事时，敬于应事；读书时，敬于读书。便自然该贯动静，心无时不在。"（《朱子读书法》卷二《居敬持志》）就是说，敬是贯通动静的工夫，读书时亦须用敬。那么，读书时如何持敬？朱熹说："只是要收敛此心，莫要走作而已。今人精神自不曾定，读书安得精专？凡看山、看水，风吹草动，此心便自走失，视听便自眩惑，此何以为学？"（《朱子读书法》卷二《居敬持志》）就是说，收敛此心（敬），就能读书精专，就能为学。读书时持敬，不仅仅是为了读书明理，其本身就是在修养心性。朱熹说："凡看文字，非是要理会文字，正要理会自家性分上事。学者须要主一（按：主一就是敬），主一是常要心存在这里，乃可做工夫。如人先须寻个屋子住，至于为农工商贾，方任其所之。"（《朱子读书法》卷二《居敬持志》）就是说，读书之持敬，正是培养心性（"理会自家性分上事"）之功，从而使心常存其身，如有个屋子，如此做任何事都心有归着处。因此，朱熹主张将读书时培养出的敬移于作他事，从而不管动静皆能敬。他说："读书固收心之一助，然今只读书时收得心，不读书时便为事所夺，则是心之存也常少，而其放也常多矣。胡为不移此读书工夫，向不读书处用力，使动静两得，而此心无时不存乎！"（《朱子读书法》卷四《居敬持志》）如此看，朱熹甚至认为，"持敬、读书，只是一事，而表里各用力

耳"。(《朱子读书法》卷四《居敬持志》)

持志，则重在定心，使心静如水，如此才好读书，与敬略有别。朱熹说："心不定，故见理不得。今未要读书，且先定其心，屏去许多闲思乱想，使心如止水，如明镜。读书闲时，且静坐，教他心平气定，见得道理渐次分明。这个却是一身总会处。"(《朱子读书法》卷二《居敬持志》) 在此，读书可与静坐相结合，静坐能使人心平气定，可谓持志之功。以如此之心境去读书，自然"见得道理渐次分明"。关于此，朱熹又说："盖心不专静纯一，故思虑不精明。要须养得此心虚明专静，使道理从里面（即书中）流出来方好。"(《朱子读书法》卷二《居敬持志》)

总之，居敬持志，本身就是身心修炼的重要工夫，朱熹只是以此工夫来读书而已，并在读书中进一步夯实这种工夫。

四、关于本书的版本、校注

本书包括两种《朱子读书法》，即张洪和齐熙编《朱子读书法》（四卷）和黄士毅编《朱子语类》卷十、十一《读书法》（上下卷）。前者初由朱熹弟子辅广编成（此本已不传），后张洪、齐熙在此基础上"又因而补订之，以辅氏原本为上卷，而以所续增者列为下卷"（《朱子读书法四库提要》）。该书收录于《四库全书》时，又被分为四卷，即前二卷大体为辅广旧编，后二卷为张洪、齐熙所增补者。今所存版本均为四卷本。后者为朱熹弟子黄士毅所总结、汇编，为朱子读书法的另一个文本，但其文字量远少于前者（因为前者取材大量来自《朱文公文集》，而不限于《朱子语类》），约为其三分之一。二者重合的地方不足各自的五分之一，且有一些异文。故本书将两个文本一起收录。

张洪、齐熙编《朱子读书法》（四卷）现存版本，主要有《四库全书》本、《知服斋丛书》本和《复性书院丛刊》本。其中，复性书院本与知服斋本为同一版本系统，即前者以后者为底本，且以按语形式改正了后者的一些错字（即正文括号内小字按语）。比较复性书院本与四库本，则前者几无脱字，错字也很少，而后者则有一些脱字、错字，故在版本上，前者优于后者；另二者在文字上也有一些小差异。故本书在校勘上，以复性书院本为底本①，以四库本为参校本。本书中黄士毅编《朱子读书法》（上下卷）采用了徐时仪、杨立军整理的《朱子语类》（该书采用日本九州大学藏朝鲜古写徽州本《朱子语类》为底本，并进行了校勘、标点），特向徐、杨二位先生致谢。本书不仅对原版本进行了校勘、标点（在采用徐、杨的成果时，个别地方标点有所改动，且改正了几处明显错字），还对人名、地名和不易懂的字词等加以了简要的注释。

此外，早在十年前，我已与上海古籍出版社编辑刘海滨先生商议点校出版此书，但是一拖再拖，一直未抽出时间来做。直到今年，在海滨兄的又一次"催促"下，才下定决心，利用各种空闲时间着手董理此书，最后得以偿还"旧债"。

2023 年 10 月江右彭树欣识于江西财经大学人文学院

---

① 按：复性书院本原藏上海图书馆，后收录于 2019 年广陵书社影印出版的《复性书院丛刊》（第 20 册）。本书所用底本即此影印本，为采薇阁总经理王强先生所赠，特此鸣谢！

朱子读书法

张洪、齐熙编

《四库全书·子部·儒家类· 朱子读书法》提要

臣等谨案:《朱子读书法》四卷,宋张洪、齐熙同编。洪字伯大,熙字充甫,皆鄱阳①人,事迹无可考。据洪《自序》,咸淳②中分教四明③,熙适客游浙东,遂相与商榷是书,而刻诸鄞④泮。其书本朱子门人辅广所辑,巴川度正尝属遂宁⑤於和之校刊,鄱阳王氏复广为后编。洪与熙又因而补订

---

①　鄱阳:即今江西省鄱阳县。
②　咸淳:南宋度宗赵禥的年号(1265—1274)。
③　四明:旧浙江宁波府的别称,今宁波市。
④　鄞:即鄞县,今宁波市鄞州区。
⑤　遂宁:即遂宁府,今四川省遂宁市。

之，以辅氏原本为上卷，而以所续增者列为下卷，皆以《文集》《语类》排比缀辑，分门隶属。虽捃拾抄撮，稗贩旧文，不足以言著述，而条分缕晰①，纲目井然，于朱子一家之学，亦可云覃思研究矣。元时板已不存，至顺②中，江南行台御史赵之维重镂于集庆路③学。故《永乐大典》全帙收入。原编卷次已不可考，今酌其篇④帙，厘为四卷，俾讲新安⑤之学者有所考证焉。

乾隆五十年四月⑥恭校上。

总纂官臣纪昀、臣陆锡熊、臣孙士毅，总校官臣陆费墀。⑦

---

① 晰：四库全书（以下简称"四库"）本作"析"。
② 至顺：元文宗图帖睦耳的年号（1330—1333）。
③ 集庆路：即今南京市。
④ 篇：四库本作"编"。
⑤ 新安：指徽州，因朱熹祖籍为徽州，此代指朱熹。
⑥ 五十年四月：四库本作"四十六年九月"。
⑦ 按：此行底本无，据四库本补。

序 一①

圣贤之书，圣贤之言也；圣贤之言，圣贤之意也。学者，学为圣贤而已。既为圣贤之学，必将因其言以求其意。得其言而未得其意者有矣，未有不得其言而得其意者也。傅说②之告高宗曰："学于古训，乃有获。"吾夫子亦曰："好古，敏以求之。""何必读书，然后为学"见哂于圣门也，宜哉！皋、夔所读何书？世率以斯言借口，岂知帝王盛时化行俗美，凡塗歌里咏之所接，声音、采色、乐舞之所形，洒扫应对、冠昏丧祭之所施，莫非修

---

① 按："序一"为整理者所加。下序同。

② 傅说：殷商时政治家、军事家，辅佐高宗武丁安邦治国。

道之教，固不专在书也。三代而下，古人养德之具一切尽废，所恃以植立人极者，惟有书耳。此书之不可不读也。然读圣贤之书者，为不少矣，鲜能至于圣贤者，读之无其法也。汉唐说义理如说梦，其间大儒言正心而不及诚意，言诚意而不及致知格物，法之未立，学者将安适从乎？故以了悟为高者，直谓格言、大训为胸中之障碍，书且无取，何取于法？以记览为工者，又不过夸多斗靡，务以荣华其言，希世取宠而已，法于何有？有过、有不及①，等之为无得于道也。不有先觉，何以淑其后？

紫阳②夫子生于建炎庚戌③，上符洙泗之运，远绍濂洛之传，吐辞为经，家藏人诵，言满天下，皆法言也。然门人辅公所编读书之法，所以呼迷途而饬稚昧者，尤为深切著明。甲寅，便殿奏疏，拳拳以为食芹之献，直谓"此愚臣平生艰难辛苦已试之效，虽帝王之学，无以易之"，岂苟云乎哉？洪尝与亲长德胜齐君增多而胪列之，乡友王君尽索紫

① 有过、有不及：四库本作"过犹不及"。
② 紫阳：朱熹，号晦庵，又别号紫阳。
③ 建炎庚戌：即南宋建炎四年（1130）。

阳诸书，仿为后编，辄又同为之编定。于是首尾具备，条贯秩然。学者傥①慨然知俗学之可厌，圣学之可传，于文公②之法，信之笃，行之果，使精神之胥契如师友之相逢，以此而读书，其亦异乎人之读书矣。圣贤之意，如日杲杲，岂待单传密付而后有得于道哉？

咸淳乙丑③，洪分教四明，齐君适游东浙，益相与商榷是正，其书乃成。尝谓此书之行，可使人人知道，人人为圣贤，而受用之浅深，则在夫人信向之分数耳。洪一日袖呈师帅大参西涧先生，先生捧诵惊喜，谓"足为后学指南，不负儒先真切诲人之意"，助费召匠，亟命锓梓，与学者共之。吁！圣人复起，不易文公之言。文公可作所以诲人者，不过如此。此义之存，上帝临汝，是又非学者为圣贤之一助乎？盍相与懋敬之哉！虽然，文公尝谓："学不是读书，不读书又不知所谓为学之道。"此语殆有深意。昔潘氏磨镜帖云："仆自④喻为昏镜，

---

① 傥：倘若，如果。
② 文公：朱熹谥号文，故世称朱文公或文公。
③ 咸淳乙丑：即南宋咸淳元年（1265）。
④ 自：底本作"目"，因形近而误，据四库本改。

喻书为磨镜药。当用此药，揩磨尘垢，使通明莹彻而后已。若积药镜上，而不施揩磨之功，反为镜累。"岂非道理合下皆具，用力之久，一旦豁然贯通焉，反身而诚，万物皆备，岂拘拘寻行数墨间哉？因取晦庵《观书有感》二诗附于编首，以发言外之意云。丙寅①孟春后学鄱阳张洪拜手书于鄞泮。

晦庵先生《观书有感》：

半亩方塘一镜开，天光云影共徘徊。问渠那得清如许，为有源头活水来。（其一）

昨夜溪②边春水生，蒙冲③巨舰一毛轻。向来枉费推移力，此日中流自在行。（其二）

---

① 丙寅：即咸淳二年（1266）。
② 溪：四库本作"江"。
③ 蒙冲：收录此诗的其他文集亦有作"艨艟"的。

序　二

　　《读书法》者，文公朱子之所常言，而门人辅
公汉卿之所编集也，嘉惠后学，可谓至矣。巴川度
侍郎正，属遂宁於和之校而刻之。外舅双涧张先生
家藏刊本，熙因得借观。天球琳琅不足喻斯宝也，
但其间疏略未尽，杂乱无伦者，间亦有之，则恐学
者未能见之了然，何以使其守之确然哉？故窃疑此
汉卿草定而未修改之本。

　　熙僭于暇日，与乡亲友龙山张君伯大，因其旧
文，及取文公之言此而汉卿之未录者，相与搜集、
附益，更易次第。先定纲领，以载书之所当读之
故，与读之所当务之说。复于中撮其枢要，厘为六
条，曰循序渐进，曰熟读精思，曰虚心涵泳，曰切

己体察，曰着紧用力，曰居敬持志。而著其说于每条之下，于是纲领条目粲然明白，为上下两卷。盖将按为定式，确遵谨守，尚企及文公之万一。凡我同志，皆当从事于斯也。窃尝论之，天下之事，莫不有法，法莫不有要，得其要而遵守之，则为其事者，虽与人同，所以为其事者，实与人异。他日所就，必有卓然非侪流之所及者，末艺且然，而况读书为吾儒之大业乎？

秦汉以来，知读书者众矣，然皆不足以与闻斯道之传。其务外者，为夸多斗靡；其厌烦者，为独观大略；其平凡暗懦者，不过寻行数墨，为蠹鱼，为书肆；其邪僻者，圣读而庸行；其诡佞者，则借圣言以文奸而已。求其下帷潜心如仲舒者，已寥寥间见，况望其如濂溪、关、洛①诸老先生明圣道之蕴奥，传圣心之精微乎？是则彼非不读书也，读书而不得其法也。惟我文公禀命世之才，负离伦之识，而尤笃志于圣人之学。其为学也，穷理以致其知，反躬以践其实，而贯之以敬。其穷理则以读书

---

① 濂溪、关、洛：即周敦颐、张载、二程（程颢、程颐）。

为本，其读书则以六者为法，平日之所自务，与其所以教人，每切切乎此。虽致之圣君，言之贤相，亦必欲其急先乎此。此所以卓然能承道统之传，启道学之秘，尽发圣经贤传之蕴，大开天下万世之蒙也。呜乎！盛矣。岂非文公之读书与人同，而所以读书与人异固若是邪？

六者之法，有前贤之所已言者，亦有前贤之所未及而出于文公之独见者。诚能确遵谨守，罔有逾越，则穷理尽性、修身齐家，以至得时行道，而极于尧舜，其君民莫不自是基之。其功用岂浅哉？抑愚谓从古圣贤，非不言读书也，而每教人读书以穷理，则至文公而愈切；关、洛大儒，亦非不言读书之法也，而及于循序致精，与先看易晓者之云，则自先生而始见。其愈切者，正如孔子多说"仁"字之意；其始见者，同于孟子性善、养气之功。学者尤不可以不知也。

龙山君孝谨清修，自幼用心于圣贤之所谓学，十五年前，相与编类此书。咸淳乙丑，熙适留会稽①，而张君职教四明，邮传如织，因得益加是正

① 会稽：今绍兴。

而更定之，于是无复遗恨。张君且欲刊之鄞泮，以惠多士，是岂徒此书之幸！学者遵是法而力行之，斯道其幸乎！

其年秋仲，番阳齐熙充甫谨序于越之蓬莱阁。

卷　一

纲　领

　　陈希周①问读书修学之门。先生曰："所谓读书，只要理会这个道理。治家有治家道理，居官有居官道理，虽然头面不同，然只是一理。如水遇圆处圆，遇方处方，小处小，大处大，然只是一水尔。"

　　人之生，道理合下皆完具。所以要读书者，盖是未曾经历见得许多。圣人是经历见得许多，所以

────────

① 陈希周：福建建安（今属福建建瓯）人，朱熹弟子。

写在册子上，与人看。而今读书，只是要见得许多道理。

先要读书，理会道理。盖先学得在这里，临时应事接物，撞着便有用处。

而今只管说治心、修身，若不见这个理，心是如何地治？身是如何地修？若如此说，资质好①底，便养得成，只是个无能底人；资质不好，便都执缚不住了。傅说云："学于古训，乃有获。事不师古，以克永世，匪说攸闻②。"古训何消得，读他做甚底？盖圣贤说出道理，都在里面，必学乎此，而后可以有得。圣人之学与俗学不同：圣人教人读书，只要知所以为学之道；俗学读书，便只是读书，更不理会为学之道如何。

先生记婺源藏书阁，有曰："道之在天下，其实原于天命之性，而行于君臣、父子、兄弟、朋友之间；其文则出于圣人之手，而存于《易》《书》《诗》《礼》《春秋》、孔孟氏之籍。本末相须，人言相发，皆不可一日而废焉者也。盖天理、民彝③，

---

① 好：底本脱，据《朱子语类》卷九补。
② 匪说攸闻：没有听说过。
③ 民彝：即人伦。

自然之物则（案：原本"物则"误作"初则"，今从《朱子文集》改正）。其大伦大法所在，固有不依文字而立者，然古之圣人欲明是道于天下，而垂之万世，则其精微曲折之际，非托于文字，亦不能以自传也。故伏羲以降，列圣继作，至于孔子，然后所以垂世立教之具粲然大备。天下后世之人，自非生知之圣，则必由是以穷其理，然后知有所至，而力行以终之。固未有饱食安坐，无所猷为①而忽然知之，兀然得之也。故傅说之告高宗曰：'学于古训，乃有获。'而孔子之教人亦曰：'好古，敏以求之。'是则君子所以为学致道之方，其亦可知也已。然自秦汉以来，士之所求乎书者，类以记诵剽掠为功，而不及乎穷理、修身之要。其过之者，则遂绝学捐书，而相与驰骛乎荒虚浮诞之域。盖二者之蔽不同，而于古人之意，则胥失之矣。呜乎！道之所以不明、不行，不以此欤？"

先生记稽古阁，有曰："人之有是身也，则必有是心；有是心也，则必有是理。若仁、义、礼、智之为体，恻隐、羞恶、恭敬、是非之为用，是则

① 猷为：本义为建立功业，此指作为。

人皆有之，非由外铄我也。然圣人之所以教，不使学者收视反听，一以反求诸心为事，而必曰'兴于《诗》，立于礼，成于乐'，又曰博学、审问、慎思、明辨，而力行之。何哉？盖礼虽在我，而或蔽于气禀、物欲之私，则不能以自见。学虽在外，然皆所以讲乎此理之实，及其浹洽贯通而自得之，则又初无内外精粗之间也。世变俗衰，士不知学，挟册读书者，既不过于夸多斗靡，以为利禄之计。其有意于为己者，又直以为可以取足于心，而无俟于他求也，是以堕于佛老虚空之邪见，而于义理之正、法度之详有不察焉。其幸而或知理之在我，与夫学之不可以不讲者，则又不知循序致详、虚心一意，从容以会乎在我之本然，是以急遽浅迫，终不能浹洽而贯通也。呜乎！是岂学之果不可为，书之果不可读，而古先圣贤所以垂世立教，果无益于后来也哉？道之不明，可叹也已！"

先生曰："学者望道未见，固必即书以穷理。苟有见焉，亦当博考诸书，有所证验，而后实有所裨助而后安。不然，则其德孤，而与枯槁寂灭者无以异矣，潜心大业何有哉？矧自周衰，教失礼乐，养德之具一切尽废，所以维持此心者，惟有书耳。"

又曰："人尝读书，庶几可以管摄此心，使之常存。横渠①有言：'书所以维持此心，一时放下，则一时德性有懈。'"又曰："读书一举两得，这边理会，又到这边，又存得心，讵可轥轹②经传，遂指为糟粕而不观乎？要在以心体之，以身践之，而勿以空言视之而已矣。以是存心，以是克己，仁岂远乎哉？"

或问："读《论》《孟》之法奈何？"曰："循序而渐进，熟读而精思可也。"曰："请问循序渐进之说。"曰："以二书言之，则先《论》后《孟》，通一书而后及一书；以一书言之，则其篇章文句、首尾次第，亦各有序而不可紊也。量力所至，约其课程而谨守之。字求其训，句索其旨。未得乎前，则不敢求乎后；未通乎此，则不敢志乎彼。如是循序而渐进焉，则志定理明，而无疏易凌躐③之患矣。是不惟读书之法，实乃操心之要，始学者不可不知

---

①　横渠：即张载（1020—1077），字子厚，因侨寓于凤翔眉县横渠镇（今陕西眉县横渠镇），并在该地安家、讲学，世称"横渠先生"。北宋著名理学家。
②　轥轹：音 lìn lì，践踏，蹂躏。
③　凌躐：超出寻常顺序。

也。"曰:"其熟读精思何也?"曰:"《论语》每章不过数句,易以成诵。成诵之后,反覆玩味于燕闲静一之中,以须其浃洽,可也。《孟子》每章或千百言,反覆论辨,虽若不可涯者,然其条理疏通,语意明洁。徐读而以意随之,出入往来,以十百数,则其不可涯者,将有以得之于指掌之间矣。大抵观书,先须熟读,使其言皆若出于吾之口;继以精思,使其意皆若出于吾之心,然后可以有得尔。至于文义有疑,众说纷错,则亦虚心静虑,勿遽取舍于其间,先使一说自为一说,而随其意之所之,以验其通塞,则其尤无义理者,不待观于他说而先自屈矣。复以众说互相诘难,而求其理之所安,以考其是非,则其似是而非者,亦将夺于公论而无以立矣。大率徐行却立,处静观动。如攻坚木,先其易者,而后其节目。如解乱绳,有所未通,则姑置而后徐理之。此观书之法也。"曰:"读书亦通其本旨而已,而于众说,思之若是其详,将不为支离之甚邪?"曰:"不然也。读书所以明理,而明理者,欲其有以烛乎细微之间而不差也。故惟考之愈详,则察之愈密;察之愈密,则吾心意志虑戛刮磨砺而愈精;吾心愈精,则天下之理至于吾前者,其毫厘眇忽之不齐，则吾必有以辨之矣。若乃务为简易，而以略通大指、不求甚解为高，吾恐其弊将至于儱侗颠顸。处义不精，而于择善诚身之功，亦将有所阙也。道不前定，临事仓卒，然后骇而图之，则其所谓简易者，是乃所以为支离耳。"（"循序渐进""熟读精思"两条本此，然此所谓序，乃每书诵读、考察之序耳。）

又先生尝上疏曰："为学之道，莫先于穷理；穷理之要，必在于读书；读书之法，莫贵于循序而致精；而致精之本，则又在于居敬而持志。此不易之理也。夫天下之事，莫不有理。为君臣者，有君臣之理；为父子者，有父子之理；为兄弟、为夫妇、为朋友，以至出入起居，应事接物之际，亦莫不各有其理。有以穷之，则自君臣之大，以至事物之微，莫不知其所以然，与其所当然，而亡纤芥之疑，善则从之，恶则去之，而无毫发之累。此为学所以莫先于穷理也。至论天下之理，则要妙精微，各有攸当，亘古亘今（案：知服斋本"亘今"误作"至今"，今从《朱子文集》改正），不可移易。惟古之圣人为能尽之，而其所行、所言，无不可为天下后世不易之大法。其余，则顺之者为君子而吉，背之者为小人而凶。吉之大者，则能保四海而可以为法；凶之甚者，则不能保其身而可以为戒。是其粲然之迹、必然之效，盖莫不具（案：知服斋本"具"字下衍一"经"字，今从《朱子文集》删去）于经训、史策之中。欲穷天下之理，而不即是以求之，则是正墙面而立耳。此穷理所以必在于读书也。若夫读书，则其不好之者，固怠忽间断而无所成矣。其好之者，又不免乎贪多而务广，往往未启其端而遽已欲探其终，未究乎此而忽已志在乎彼。是以虽复终日勤劳，不得休息，而意绪匆匆，常若有所奔驱迫逐，而无从容涵泳之乐。是又安能深信自得，常久不厌，以异于彼之怠忽间断而无所成者哉？孔子所谓'欲速则不达'，孟子所谓进锐者退速，正谓此也。诚能鉴此而有以反之，则心潜于一，久而不移，而所读之书，文意接连，血脉贯通，自然渐渍浃洽，心与理会，而善之为劝者深，恶之为戒者切矣。此循序致精，所以为读书之法也。若夫致精之本，则在于心，而心之为物，至虚至灵，神妙不测，常为一身之主，以提万事之纲，而不可有顷刻之不存者也。一不自觉，而驰骛飞扬，以徇物欲于躯壳之外，则一身无主，万事无纲。虽其俯仰顾盼之间，盖已不自觉其身之所在，而况能反覆圣言，参考事物，以求义理至当之归乎？孔子所谓'君子不重则不威，学则不固'，孟子所谓'学问之道无他，求其放心而已矣'者，正谓此也。诚能严恭寅畏①，常存此心，使其终日俨然，不为物欲之所侵乱，则以之读书，以之观理，将无所往而不通；以之应事，以之接物，将无所处而不当矣。此居敬持志，所以为读书之本也。此数语者，皆愚臣平生为学艰难辛苦已试之效。窃意圣贤复生，所以教人，不过如此。盖虽帝王之学，殆亦无以易之。"（"循序致精"一语，兼"循序渐进""熟读精思"二条，而"居敬持志"一条，正本此疏之语也。）

先生答陈福公书曰："某尝闻之师友，《大学》一篇，乃入德之门户，学者当先讲习。知得为学次第、规模，乃可读《语》《孟》《中庸》。究见义理根源，体用之大略，然后徐考诸经，以极其趣，庶几有得。盖诸经条例不同，工夫浩博，若不先读《大学》《论》《孟》《中庸》，令胸次开明，自有主宰，未易遽求也。为学之初，尤当深以贪多躐等、好高尚异为戒耳。然此犹是知见边事，若但入耳出口，以资谈说，则亦何所用之？既已知得，便当谨

---

① 严恭寅畏：出自《尚书·无逸》。严恭，庄严恭敬；寅畏，恭敬戒惧。江声曰："严恭在貌，寅畏在心。"

守力行，乃为学问之实耳。"（"循序渐进"中"群书先后缓急"序本此。）

先生答江端伯书曰："所议为学之方，足见留意。事物未至，不可逆料，诚如所论。惟有因圣贤之所已言者，玩索①之，为庶几耳。故为学不可不读书。读书之法，又当沉思，反覆涵泳，铢积寸累，久当见功，理明心亦自定。若欲为涉躐而求此理之明，又欲求方便以望此心之定，亦难矣。即圣贤之言平易明白处，虚心平气，熟玩而躬行之。玩之深，则理自明；行之熟，则力自进。持之以久，下学而上达，则道体精微之妙，圣贤亲切之传，不待单传密付，而已了然于心目之间矣。"

先生书于读书之所曰："敛身正坐，缓视微吟。虚心涵泳，切己体察。（"虚心涵泳""切己体察"两条本此。）宽着期限，紧着课程。（"着紧用力"一条，盖本此下一句。）研精覃思以究其所难知，平心易气以听其自得。"

程正思②曰："读书必正心肃容，计遍数熟读。

① 玩索：体味探求。
② 程正思：即程端蒙（1143—1191），字正思，号蒙斋，饶州府鄱阳人，朱熹弟子。

遍数已足，而未成诵，必欲成诵；遍数未足，虽已成诵，必满遍数。一书已熟，方读一书。毋务泛观，毋务强记。非圣之言勿读，无益之文勿观。"先生嘉其言。

司马温公①说为学之法，举《荀子》四句云："诵数以贯之，思索以通之，为其人以处之，除其害以持养之。"

大凡读书，少看熟读，一也。不要烦碎立说，但要反覆体验，二也。埋头理会，不要求效，三也。三者，学者当守此。

凡读书，须整顿几案，令洁净端正，将书策齐整顿放，正身体，对书册，详缓看字，子细分明。读之须要读得字字响亮，不可误一字，不可少一字，不可多一字，不可倒一字，不可牵强暗记。只是要多诵遍数，自然上口，久远不忘。古人云："读书千遍，其义自见。"谓读得熟，则不待解说，自晓其义也。余尝谓读书有三到：心到，眼到，口到。心不在此，则眼看不子细。心眼既不专一，却

---

① 司马温公：即司马光（1019—1086），死后追赠太师、温国公。

只漫浪诵读，决不能记，记亦不能久也。三到之中，心到最急；心既到矣，眼口岂有不到者乎？

循序渐进

（序有二，一是群书先后缓急之序，一是每书诵读考索之序。群书先后缓急失其序，则迂回艰苦，而不切于其身；每书诵读考索失其序，则匆遽急迫而无得于其心。皆非读书之法也。序有两样，不可只作一般看。然朱子本意，则主在于每书诵读考索之序。此最为透过，致知一关之妙法。朱子所自得处，专在此。所以甲寅奏疏，拳拳于循序致精之一言，正此之所谓序也。读者详之。）

群书先后缓急之序①

或曰："程子之先《大学》，而后《论》《孟》，且又不及乎《中庸》，何也？"先生曰："《大学》垂世立教之大典，通为天下后世而言者也。《论》《孟》应机接物之微言，或因一时一事而发者也。

---

① 按：此小标题原在所录语录之后，作"右读群书先后缓急之序"，现删除"右"字，且置于所录语录前。下小标题亦作如此处理。

是以《大学》之规模虽大，然其首尾该备而纲领可寻，节目分明而工夫有序，无非切于学者之日用。《论》《孟》之为人虽切，然而问者非一人，记者非一端，或前后浅深之无序，或抑扬进退之不齐，其间盖有非初学日用之所及者。此程子所以先《大学》而后《论》《孟》，盖以其难易缓急言之，而非以圣人之言为有（案：知服斋本"为"字下脱"有"字，今从《大学或问》增入）优劣也。至于《中庸》，则又圣门传授极致之言，尤非后学之所易得而闻者。故程子之书，未遽及之，岂不又以为《论》《孟》既通，然后可以及此乎？盖不先乎《大学》，无以提挈纲领，而尽《论》《孟》之精微；不参之《论》《孟》，无以融贯会通，而极《中庸》之归趣。然不会其极于《中庸》，则又何以建立大本、经纶大经，而读天下之书、论天下之事哉？以是观之，则务讲学者，固不可不急于《四书》；而读《四书》者，又不可不先于《大学》，亦明矣。今之教者，乃或弃此不务，而反以他说先焉。其不溺于虚空，流于功利，而得罪于圣门者，几希矣。"

先生跋临漳四经、四书（《易》《书》《诗》《春秋》《大学》《论语》《孟子》《中庸》），有曰："圣人作经，以诏后世，将使读者诵其文、思其义，有以知事理之当然，见道义之全体，而身体力行之，以入圣贤之域也。其言虽约，而天下之故，幽明巨细，靡不该焉。欲求道以入德者，舍是无所用其心矣。然去圣既远，讲诵失传，自其象数、名物、训诂、凡例之间，老师宿儒尚有不能知者，况于初学小生，骤而语之，是亦安能遽有以得其大指要归也哉？故河南程夫子之教人，必先使之用力于《大学》《论语》《中庸》《孟子》之书，然后及乎六经，盖其难易、远近、大小之序，固如此而不可乱也。故今刻四古经，而遂及乎《四书》者，以先后之文悉著。凡程子之言，及于此者，附于其后，以见读之法，学者得以观览焉。抑尝妄谓《中庸》，虽七篇之所自出，然读者不先于《孟子》，而遽及之，则亦非所以为入道之渐也。因窃并记于此云。"

《大学》是为学纲目。先通《大学》，立定纲领，其他经书，杂放在里。

今人读书，且从易解处去读。如《大学》《中庸》《论》《孟》四书，道理粲然，人只是不去看。若理会得此四书，何书不可读？何理不可究？何事不可处也？

看文字，且要看其平易正当处。孔子教人，句句是朴实头。

张元德问《春秋》《周礼》疑难。先生曰："此等皆无证佐，强说不得，若穿凿出来，便侮圣言。不如且研穷义理，义理明，则皆可通矣。"因曰："看文字，且先看明白易晓者。此语是某发出来，诸公可记取。"

人自有合读底书，如《大学》《语》《孟》《中庸》。读此，便知人不可不学底道理，与为学之次第，然后更看《诗》《书》《礼》《乐》。某才见人说看《易》，便知他错了，未尝知为学之序。《易》自别是个道理，不是教人底书。故《记》中只说先王崇四术①，顺《诗》《书》《礼》《乐》以造士，不说《易》也；《论语》中亦不说；《左传》《国语》方说，然亦是卜筮耳。盖《易》本为卜筮作。熹尝语学者，欲看《易》时，且将孔子所作《十翼》分明易晓者看。如《文言》中"元者，善之长"之类，如《中孚》"九二，鸣鹤在阴，其子和之"，亦不必理会鹤如何在阴，其子又如何和，且

---

①　四术：指《诗》《书》《礼》《乐》四门课程。

将《系辞》中所说言行处看。此虽是浅，然却不差了。盖为学，只要理会自己胸中事耳。熹尝谓上古之书，莫尊于《易》；中古后书，莫大于《春秋》。此两书皆未易看，今人才理会，便入于凿。若要读此二书，且理会他大义。《易》则是个尊阳抑阴，进君子、退小人，明消息盈虚之道；《春秋》则是个尊王贱霸，内中国、外夷狄，明君臣上下之分。

学礼之意甚善，然此事头绪多，恐精力短，包罗不得，今且读《诗》，俟所编书成，读之未晚。书虽读了，亦更宜温习。如《大学》《语》《孟》《中庸》，则须循环不住温习，令其烂熟。《春秋》，从前不敢容易令学者看，今恐不可断读正经，且读《三传》①，当看史工夫，未可便穿凿说褒贬道理。久之且别商量，亦是一事也。（按《文集》此条系《答潘子善书》。）

先生书谓黄直卿曰："《春秋》难看，尤非病后所宜，且读他经、《论》、《孟》之属。如不食马肝，未为不知味也。（食马肝，出《汉书·儒林传》。）名数、制度之类，略知之便得，不必大段深泥，以妨

---

① 《三传》：即《春秋公羊传》《春秋榖梁传》《春秋左氏传》。

学问。"

先生答梁文叔书曰："略于制度之说，不知谓何？往往都是考得繁碎，非学者所先。或是从来剖判不得，如《论语》'道千乘之国'，注家自是两说，此等如何强通？况又舍去所急义理而从事于此，纵得其说，亦何用乎？昨有问看史之法，某告知当且治经，求圣贤修己治人之要，然后可以求此。想见传闻又说不教人看史矣。"

先生答赵佐卿书曰："大抵圣经，惟《论》《孟》文词平易，而切于日用，读之疑少而益多。若《易》《春秋》，则尤为隐奥而难知者，是以平日畏之，而不敢轻读也。"

今人读书未多，义理未至融会，便去看史，考古今治乱，理会制度、典章。譬如作陂塘以溉田，须是陂塘中水已满，然后决之，则可以流注、滋植田中禾稼。若是陂塘中水方有一勺之多，遽决之以灌田，则非徒无益于田，而一勺之水亦无矣。读书既多，融会胸中，尺度已分明，而不看史，考古今治乱，理会制度、典章，则是犹陂塘之水已满矣，而不决以溉田也。

看史先看《史记》及《左氏》，却看《西汉》

《东汉》①及《三国志》，次看《通鉴》②。

《通鉴》却是连记去，一事只一处说，别无互见。散在编年，虽是大事，其初却小，后来渐渐做得大。故人初看时，不曾着精神，只管看，后却记不得。不若先草草看正史一过。正史各有传，可见始末，又有他传可互考，所以易记。每看一代正史讫（案："讫"字，知服斋本误作"记"），却去看《通鉴》。

先生答陈福公书曰："伊洛文字，亦多恐难遍览，只前此所禀《近思录》，乃其要领。只此一书，尚恐理会未彻，不在多看也。"

每书诵读考索之序

先生答滕德粹兄弟书曰："足下于其所欲去者，既未能脱然于胸中，所欲就者又杂然并进，而不无贪多欲速之意。是以虽知其然，而未免于茫然无得之叹耳。足下诚若有志，则愿暂置于彼而致精于此，取其一书，自首而尾，目之所玩，不使过一二章，心念躬行，若不知复有他书者。如是终篇，而

---

① 《西汉》《东汉》：即《汉书》和《后汉书》。
② 《通鉴》：《资治通鉴》的简称。

后更受业焉，则渐涵之久，心定理明，而将有以自得矣。《论语》之书，乃是圣门亲切之训，程氏之所以教，尤以为先。足下不以愚言为不信，则愿就此书始。"

先生答吴伯丰书曰："且如看《大学》，如都不知有他书相似。逐字逐句，一一推穷；逐章反覆，通看本章血脉；全篇反覆，通看一篇次第。终而复始，令其通贯浃洽，颠倒烂熟，无可看得，方可别看一书。今方看得一句《大学》，便已说向《中庸》上去。如此支离蔓衍，彼此迷暗，互相连累，非惟不晓《大学》，亦无功力别可看《中庸》矣。"又曰："《论》《孟》《中庸》尽待《大学》通贯浃洽，无可得看后，方看乃佳。若奔程趁限，一向趱①看了，则虽看，犹不看也。近方觉此病痛不是小事，元来道学不明，不是上面欠却工夫，乃是下面元无根脚。若信得及，早脚踏实地，如此做去，良心自然不放，践履自然纯熟，非但读书一事也。"

———————

① 趱：音 zǎn，加紧，加快。

政如农功，如农夫之有畔①，为学亦然。

理会经不可躐等，不可草率，徒费心力。须依次序理会，得一经通熟，他书亦易看。

凡读一件，便要精这一件，一件看得精，其他书亦易看。尝爱山谷②《与李几仲帖》，说读书法甚好，云大率学者喜博，而尝病不精。泛滥诸书，不若精熟于一也，有余力，然后及诸书，则涉猎诸篇，亦得其精。盖以我观书，则处处得益；以书博我，则释卷而茫然。

读书须是一件一件读，理会了一件，方可换一件。理会得通彻是当了，则终此身更不用再理会，后面只须把出来温寻涵泳便了。若不与逐件理会，则虽读到老，依旧生。正如吃饭，不成一日都要吃得尽，须与分做三顿吃。只恁地顿顿吃去，知一生吃了多少饭，读书亦如此。读书须纯一，如看一般未了，又要涉猎一般，都不济事。某向时读书，方其读上句，则不知有下句；方其读上章，则不知有

① 畔：界限，引申为法度。
② 山谷：即黄庭坚（1045—1105），字鲁直，号山谷道人，洪州分宁（今江西修水县）人，北宋著名文学家、书法家，为"江西诗派"的开山之祖。

下章。一日之间，只读得一二章。凡读书到冷淡无味处，尤当着力精考。

文字且子细逐件理会，待看多，自有个见处。一之曰："易简且要知尽许多疑了，方可下手做去。"先生曰："若要知了，如何便知得了？不如且听知得一件做一件，知得两件做两件，贪多不得。今之学者，大抵有贪多之病。如此用工夫，恐怕枉费了时日。某谓少看者功却多，泛然多看，全然无益。某深知此病，初来只是一个小没理会，少间却成一个大没理会去。"又曰："文字不可泛看，须逐句逐段理会。理会此一段未透，又去看别段，皆成鹘突①去，如何会做彻？如何会贯通？今有看文字一览而尽者，亦恐只是无究竟。"

问："经书须逐句理会，史书易晓，只看大纲如何？"曰："固不同，然亦自是草率不得。须当看人物是如何，当时治体是如何，皆当子细。上蔡②

---

①　鹘突：模糊，混沌。
②　上蔡：即谢良佐（1050—1103），字显道，蔡州上蔡（今河南省上蔡县）人，程颢、程颐弟子。

说明道①看史，逐行看过，不蹉②一字。"

先生语陈公直曰："读书须逐些子，子细理会，莫要搅动他别底。今人读书，多是从头看到尾，都搅浑了。"

须是紧着工夫，不可悠悠，又不须忙，只常提得心醒则愈有力。读书须是不可枝蔓，如读《孟子》，其间引援《诗》《书》处甚多，今虽欲检本文，但也只须看一段，便依旧自看本来章句，庶几此心纯一。道夫曰："此非特为读书之方，抑亦存心养性之要法也。"

看经书之法：看《论语》，如无《孟子》；看上章，如无下章；看"学而时习之"，不须看"有朋自远方来"，且专看此一意，得之而后已。又如理会此句未得，更不须杂以别说相似者，次第乱了，和此句也晓不得。

又云："读《论语》如无《孟子》，读前段如无后段。不然，方读此，又思彼，扰扰于中。这般人不惟无得于书，胸中如此作事，全不得。"

———————

① 明道：即程颢（1032—1085），字伯淳，号明道，河南洛阳人。

② 蹉：差误。

读书须是专一。读这一句，且理会这一句；读这一章，且理会这一章。须是见得此一章彻了，方可看别章，未要思量别章、别句，只是平心定气在这里看。适因洗浴得一说：大抵洗浴，须从头揩去，则用力省而垢可去；若于此处揩几揩，又于彼处揩几揩，则劳而无功。学问亦然。若一番理会不了，又欲更作一番理会，终不济事也。莫道见了便休，而今看一千遍，见得又别；看一万遍，见得又别。须是无这册子时，许多节目次第都历历落落在自家肚里方好。

在经筵①讲时曾说："读书者，譬如观此屋，若在外面望之，便谓见了，则无缘识得。须是入去里面，逐一看过，是几多间架，几多窗棂，看一遍了，又重看一遍，都说得方是。"

读书如园夫灌园。善灌者随其蔬果根株而灌之，灌溉既足，则泥水相和，而物得其润，自然生长。不善灌者，忙急而治之，担一担之水，浇满园之蔬，人见其治园矣，而物未尝沾足也。

————————————

① 经筵：古代帝王听讲经籍的地方。宋代始称经筵，讲官以翰林学士或其他官员充任或兼任。

先生问林共父看《论语》至何处。对曰："至《述而》。"先生曰："莫恁地快。这个使急不得，须是缓缓去理会，须是逐句去搜索。俟这一章透彻之后，却理会第二章，久后看得到贯通时，却自然事事会看。如吃饭样，吃了一日，又却吃一日，吃得滋味后，方解生精血。若只是恁地吞下去，则不济事。"

先生问子武看《诗》到何处。对曰："至《大雅》。"先生大声曰："公前日方看《节南山》，恁地快，恁地不得。今人看文字，敏底一揭开板便晓，但于意味恐不会得。而今但只管看时，也只恁地，但百遍自是强五十遍时，二百遍自是强一百遍时。'题彼脊令，载飞载鸣。我日斯迈，而月斯征。夙兴夜寐，无忝尔所生。'这个看时，也只是恁地，但里面却有记不得底、解不得底意思，事在说不得底意思里面。"又曰："《生民》等诗也，见祭祀次第，此与《仪礼》相合。"

看文字不可伤快，恐不子细，须是理会得底，更须将来看。此不厌熟，熟后更看，方始觉其滋味出。

先生答侯官丞书曰："示谕读书之目，恐亦太多，姑以应课程可矣。欲其从容玩味，理与神会，则恐决不能也。"

又答书曰："程氏教人以《论》《孟》《大学》《中庸》为本，须于此数书熟读详味，有会心处，方自见得。如其未然，读之不厌熟，讲之不厌烦。此数书，程氏与其门人高弟为说甚详。试访求之，自首至尾，循序加工，须如小儿授书，节节而进乃佳。不可匆匆翻阅，无补于事；又不可杂以他说，徒乱宗旨也。"

读书是格物一事，今且须逐段子细玩味。

人读书不可搀前①去，下梢②必无所得。

读书如理乱发然。理发须逐条理，教条直。读书者须逐字逐句理会，教通透。

先生读书屏山书堂，一日与诸生同行，登台见草盛长，命数兵士耘草，分作四段，各耘一角。有一兵士逐根拔去，耘得甚不多；其他所耘处，一齐了毕。先生见耘未了者，问诸生曰："诸公看几个耘草，那个快？"诸生言诸兵皆快，独指此人，以

① 搀前：抢前，抢先。
② 下梢：结果。

为钝。先生曰："不然。某看来，此卒独快。"因细视诸兵所耘处，草皆去不尽，悉复呼来再耘。先生复曰："那一兵虽不甚快，看他甚子细，逐根去令尽。虽一时之难，然却是一番工夫便了。这几①个又着从头用工夫，只缘起初欲速苟简，故致得费力如此。看这处，便是学者读书之法。"

熟读精思

问："看先生所解文字，略通大义，只是意味不如此浃洽。"先生云："只要熟看。"又云："且将正本文字熟看，自然意义日生。有所不解，因而记录，他日却有反覆。《论语》愈看愈见得滋味出，若欲草草看去，尽说得通，恐未能有益。凡看文字，须看古人下字意思是如何，且如前辈作文，一篇中须看他意在那里。子美诗云：'更觉良工心独苦。'② 一

---

① 几：底本脱，据《朱子语类》卷一百二十一补。
② 杜甫《题李尊师松树障子歌》。

般人看画，只见是画一般，识底人看，便觉他精神好处，知得他用心也。向时不理会得《孟子》，以其章长故也。因如此读，元来他章虽长，意味却自首末相贯，熟读滋味自出。今学者看文字，往往不曾熟，何缘贯通？横渠云：'书须成诵，精神都是夜中。或静坐得之，不记则思不起。'"

时举云："某缘资质鲁钝，全记不起。"先生曰："只是贪多，故记不得。福州陈晋之极鲁钝，读书只五十字，必三百遍而后能熟。积累读去，后来却应贤良。要之，人只是不会耐苦耳。凡学者，须要是做得人难做底方好。若见做不得，便不去做，任其自然，何缘做得事成？切宜勉之。"

问："读书求意义，虽知烂熟之为美，而习气已惯，惟恐不多之念未能顿忘。"先生曰："既知其非，便当改之，不须更加支蔓。"又曰："荀子说'诵数以贯之'，见得古人诵书，亦记遍数。'贯'字训熟，如习惯，如自然；又训通，诵得熟，方能得通晓。若不熟，亦无可思索。（熟读下同。）

凡读书且要熟读，不可只管思。口中读，则心中闲，而义理自出。某之始学，亦如是尔，更无别法。"又曰："读得通贯后，义理自出。"

"凡看文字，端坐熟读。久之，于大字边，自有细字迸出来，方是自家见得。若自家果是着心，见他道理不得，则圣贤为欺我矣。而今公们①只于外面捉摸个影子说将去，这个不唤做学圣人之言。熟读玩味，道理自见。"说了，又喟然叹曰："是有这个道理，说与人不信，奈何！"

或问"吾与回言"一章。先生曰："便是许多紧要底言语，都不会说得。且说《精义》②有许多言语，而《集注》③能有几多字，是一字当百十字，公都把作等闲看了。圣人言语，本自明白，不须解说，只为学者看不见，所以做出注解。解尚看不出，如何看得圣人意出？圣人言语，只熟读玩味，自不难见。若果曾着心，而看他道理不出，则圣贤为欺我矣。且如老苏④辈，只读《孟子》《韩子》⑤，便翻得许多文字出来。譬如攻城，四面牢壮，任是铜墙铁壁，如今但只消攻得他一面破时，

---

① 们：底本作"门"，误，据四库本改。

② 《精义》：即朱熹所著《论孟精义》。

③ 《集注》：即朱熹所著《四书章句集注》。

④ 老苏：即苏洵（1009—1066），字明允，眉州眉山（今四川眉山）人，北宋文学家。与其子苏轼、苏辙合称"三苏"。

⑤ 《韩子》：即《韩非子》。

则这城便是自家底了，自然不待更去攻那三面矣。"

又曰："初学固是要先看《大学》《语》《孟》。若先看得《大学》一书透彻，他书都不费力，触类便见。"

与张元德书曰："旧与朋友说话，每怪其不解人意，而不知所以然者。近乃觉学者读了书、听了话后，元不曾着心记当，绅绎①玩味。至有两年看一部《易传》，都不记得紧要处者，虽其根钝使然，亦是不肯用力。乃知横渠教人读书，必欲成诵，真学道者第一义。须是如此，己上方有着力处也。"又曰："近与学者讲论，尤觉横渠成诵之说，是为径捷②。盖未论义理如何，且是收得此心有归处，不至走作。然亦须是专一精研，使一书通透烂熟，都无记不得处，方别换一书，乃为有益。若但轮流通念，而核之不精，则亦未免枉费工夫也。须是都通透后，又却如此温习，乃为佳耳。欧、严、谭君近来看得又如何？更望以此相勉。但于所读书经之注脚记得，首尾贯通浃洽，乃有玩味思绎处。如其

---

① 绅绎：引出端绪，整理出头绪。
② 径捷：简便，直捷。

不然，泛观杂说，徒费日月，无益也①。"

又曰："书只是熟读，常常记在心头始得。孔子教人也，是'学而时习之'，若不去时习，则人都不奈何。这是孔子弟子编集，只把这个作第一件。若能时习，将次自晓得；若十分难晓底，也自晓得。"

读书须是成诵，方精熟。今所以记不得，说不去，心下若存若亡，皆是不精不熟之患。若晓得义理，又皆记得，固是好。若晓文义不得，只背得，少间不知不觉，自然相触发，晓得这道理。盖这一段文义，横在心下，自然放不得，必晓而后已。若晓不得，又记不得，更不消读书矣。横渠云：'读书须是成诵。'云今人所以不及古人处，只争这些子。古人记得，故晓得；今人卤莽，记不得，故晓不得。不论紧急处，皆须成诵，自然晓得也。今学者若已晓得大义，但有一两处阻碍说不去，某这里略以数句拨动，自然晓得。诸公尽不曾晓得，纵某多说，何益？无他，只要熟读而已，别无方法也。

---

① 徒费日月，无益也：四库本作"毫无精实工夫，则徒费日月，终归无益也"。

先生答吴伯丰书曰："此间亦有十数朋友往来讲学，前此多是看得文字不子细，往往都不曾入心记得。所以不见曲折意味，久之遂至一时忘却。今不免且熟看，若得一一记得牢固分明，则反覆诵数之间，已粗得其意味矣。"

又书曰："此亦有十数朋友，然极少得善看文字者。不免令熟看注解，以通念为先，而徐思其义，只寻正意，毋得支蔓。似此方略有头绪，然却恐变秀才为学究，又不济事耳。"

因言读书用功之难。诸公觉大段浅近，不曾着心。某旧时用心甚苦，思量这道理，如过危木桥子（案："过"字，知服斋本误作"遇"），相去只在毫发，才失脚，便跌落桥下，用心极苦。五十岁后，觉得心力短，看见道理，只争毫发间，只是心力也不上。所以《大学》《语》《孟》皆是五十岁以前做得了，自后长进甚不多。而今人看文字，全心粗。前辈文士亦用几多工夫，方做得成。若用之道理上，那里得来？如韩文公答李翊一书，与老苏上欧阳书，直如此用工夫，未有苟然而成者。欧阳则就作文上改换，只管揩摩逐旋，捱将去，久久渐渐揩摩得光。老苏直是心中都透熟了，方出之书，看他所用工夫更难。前辈以至敏之才而做至钝工夫，今人以至钝之才而欲为至敏之工夫，所以程子曰："参也，竟以鲁得之。"（精思，下同。）

看文字，须入里面，猛滚一番，要透彻，方能得脱离。若只略略地看过，恐终久不能得脱离，此心又自不能放下也。

凡看文字，初看时，心尚走作，道理尚见得未定。到看定后，方入规矩。须是反覆玩味得熟便，方是活受用不尽。看文字正如酷吏之用法深刻，都没人情，直要做到底。若只恁地等闲看①过了，有甚滋味？

又曰："某尝说，看文字，须似法家深刻，方穷究得尽。某直是拌得下工去。"

"大凡看文字，若有晓不得处，须着下死工夫，直要见得道理是自家底方住。"先生言此以告学者，其辞甚厉。

看文字，如捉贼，须于盗发处，自一文以上赃罪情节，都要勘出，莫只描摸个大纲。纵使知道此人是贼，却不知他在何处做贼，亦不得。读时要体

---

① 过：底本脱，据四库本补。

认得亲切，解时别白得分晓，如此读书，方为有益。

大率吾曹之病，皆有浅急处，于道理上才有一说，似打得过，便谓之打得过。以故为说不难，而造理日浅，今方欲痛自惩革。

看道理，若只恁地说过一遍便了，则都不济事，须是常常把来思量始得。看过了后，无时无候又把起来思量一遍。十分思量不透，又且放下，待意思好时，又把起来看，恁地将久，自然透彻。延平①先生尝言："道理须是日中理会，夜里却去静处坐底思量，方始有得。"某依此说去做，真个不同。

为学、读书，须是耐烦细意去理会，切不可粗心。若曰自有个捷径法，便是误人底深坑也。未见得道理时，似数重物包裹在里许，无缘可以便见。须是今日去了一重，又见得一重；明日又去了一重，又见得一重。去尽皮方见肉，去尽肉方见骨，去尽骨方见髓，使粗心大气不得。

吴伯英讲书，先生因曰："凡人读书，须虚心入里玩味道理，不可只说得皮肤上。"

---

①　延平：即李侗（1093—1163），字愿中，号延平，南剑州剑浦（今福建南平）人，朱熹老师。

　　读书始读，未知有疑，其次则渐渐有疑，中则节节是疑。过了这一番，疑渐渐释，以至融贯会通，都无可疑，方始是学。又云："大疑则大进。"又云："无疑者须要有疑，有疑者却要无疑。"

　　关了门，闭了户，把断了四路头，此正读书时也。

　　群疑并兴，寝食俱废，始划然而有见也。

　　若有疑处，且须自去商量，不要倚靠人。人若除得个依靠人底心，学也须会进。

　　有疑须当识以俟问，然不可不时时提起闲看。倘或相值殊胜，问而后通也。

　　凡人读书，若穷得到通透处，心中也潜地快活。若疑处，须是参诸家解熟看。看得又差互时，此一段终是不稳，在心头不要放过。

　　读书须痛下工夫，须要细看，心粗性急，终不济事。如看《论语》，且将诸家相比并看，自然比得正道理出来。如识高者，初见一条，便能判其是非。如未能，且细看，如看疑案相似，虽未能便判他案，然已是经心，尽知其情矣。只管如此，将来粗急之心亦磨礲①得细密了。横渠云："文要密察，

---

　　①　磨礲：磨炼，切磋。

心要宏放。"若不痛做工夫，终是难入。看得一件是，未可便以为是，且顿放一所，又穷他语，相次看得多，相比并，自然透得。且如圣贤，千言万语虽不同，都只是说这道理。且将圣贤说底，看一句如此说，一句如彼说，逐句把来凑看，次第合得，都是这道理。

凡看文字，诸家说有异同，最可观。谓如甲说如此，且捋①扯住甲，穷尽其辞；乙说如此，且捋扯住乙，穷尽其辞。两家之说既尽，又参考而穷究之，必有一真是者出矣。

凡看文字，诸家说有异同处，最可观。某旧来看②文字，专看异同处。如谢上蔡之说如彼，杨龟山③之说如此，何者为得，何者为失，所以为得者是何如，所以为失者是何如。读《论语》，须将《精义》看，先看一段，看第二段，将两段比较，孰得孰失，孰是孰非。又将第三段比较如前，又总一章之说而尽比较之。其间须有一家说合圣人之

① 捋：音 xián，拔，扯。
② 看：底本脱，据四库本补。
③ 杨龟山：即杨时（1053—1135），字中立，号龟山，南剑西镛州龙池团（今福建三明）人，二程著名弟子。

意，或有两说，有三说，有四五说皆是，又就其中比较疏密。如此便是格物。及看得此一章透彻，则知便至。或自未有见识，只得就这里挨。一章之中，程子之说本是，门人之说多失。然初看时，不可先萌此心，门人所说亦多有好处。蕫卿因言："若只将程子之说为主，如何？"曰："不可，只得以理为主，然后他看底。得一章直是透彻了，然后看第二章，亦如此法。若只看得三四篇，此心便熟，数篇之后，迎刃而解矣。尝苦与学者言，说得口破，少有依某去着力做工夫者。且如'格物致知'之章，程子与门人之说，其初读之，皆不敢疑。后来编出细看，见得程子诸说虽不同，意未尝不贯。其门人之说与先生之说，则有大不同者矣。"

文字大题目，痛理会三五处后，当迎刃而解。

此义理尽广大无穷，须是把来横看、直看，子细穷究。又云："道理在人如何看，直看是一般，横看又是一般。"

又曰："凡看文字，不可落于偏僻，须是周匝①，四通八达，无些窒碍，方有进益。"又云：

---

① 周匝：周到，周密。

"观书不可只观紧要处，闲慢处却要周匝。"

看文字专看细密而遗却缓急之间，固不可；专看缓急之间而遗却细密，亦不可。须是切己用工，将来自得之于心，则视言语诚如糟粕矣。然今不可便视为糟粕也，但当自期向到彼田地耳。

又云："看文字，专看四边而遗却紧要处，固不可；专看紧要而遗却四边，亦不可。"

看《集注》，不可遗了紧要字。盖中有极散缓者，有缓急之间者，有极紧要者。某释经时，每下一字，直是秤轻等重，然后写出。

黄勉斋著《论语通释》，至"吾之于人也，谁毁谁誉"章，而曰："先师之用意于《集注》一书，愚尝亲见之。一字未安，一语未顺，覃思静虑，更易不置。或一二日而未已，夜坐或至三四更。如此章，乃亲见其更改之劳。对坐至四鼓，先生曰：'此心已孤，且休矣。'退而就寝，目未交睫，复见遣小吏持板牌改数字以见示，则是退而未寐也，未几而天明矣。用心之苦如此，而学者顾以易心读之，安能得圣贤之意哉？追念往事，著之于此，以为世戒。"

学者观书，先须读得正文，记得注解，成诵精熟。注中训释文意、事物、名件，发明经旨相穿纽处，一一认得，如自己做出来底一般，方能玩味反覆，向上有通透处。若不如此，只是虚说①议论，如举业一般，非为己之学也。曾见有人说《诗》，问《关雎》篇，于其训诂、名物全未晓，便说"乐而不淫，哀而不伤"。某因说与他道："公而今说《诗》，只消这八字，更添'思无邪'三字，共成十一字，便是一部《毛诗》了，其他三百篇皆成渣滓矣。"因忆顷年汪端明说："沈元用问和靖：'《伊川易传》②何处是切要？'尹曰：'体用一源，显微无间，此是切要处。'"后举似李先生，先生曰："尹说得好，然须是看得六十四卦、三百八十四爻都有下落，方始说得此话。若学者未曾子细理会，便与他如此说，却是误他。"予闻之悚然，始知前日空言无实，不济事。自此读书益加详细。（此一段，先生亲书示书堂学者。）

或云："而今每日只优游和缓。"曰："而今便说优游和缓，只是泛泛而已。这个工夫须是从大火

① 说：四库本作"设"。
② 《伊川易传》：即《周易程氏传》。伊川，即程颐（1033—1107），字正叔，世称伊川先生，北宋理学家。

中锻炼，教他通红，镕成汁、泻成铤方得。只今是火面上炮熟，全然生硬，不属自家使在，济得甚事？须是纵横舒卷，皆由自家搦成团，捺成匾，放得去，收得来，方可。某尝思之，今之学者所以多不得力，正缘不熟耳。吕居仁记老苏说平日因闻'升里转、斗里量'，遂悟作文处。这个须是烂泥熟之，纵横妙用，皆由自家，方济得事也。"（精熟，下同。）

学者看文字，不必自立说，只记得前贤与诸家说便得。而今看自家如何，终是不如前贤。须是尽意记得诸家说，方有个衬簟①处。这里义理根脚方牢，这心也有杀泊②处，心终只在这上走，久久自然晓得透熟。今公辈看是大概，都有个生之病，所以说得来不透彻，只欲去包笼巴揽③，他无实见处。某旧看文字极难，诸家说尽用记。且如《毛诗》，那时未似如今说得如此条畅，古今诸家说尽用记取，闲时将起思量：这一家说得那字是，那字不

①　衬簟：依据，依托。
②　杀泊：停泊。
③　包笼巴揽：包笼，即包含，隐藏；巴揽，即凭借，依附。

是；那一家说得那字是，那字不是；那家说得全是，那家说得全非；所以是者是如何，所以非者是如何。只管思量，少间这正当道理，自然光明灿烂存心目间，如指诸掌。公辈只是扭捻①巴揽来说，都不曾熟。所以这道理收拾他不住，自家也使他不动，他也不伏自家使，相聚得一朝半日，便散去了，只是不熟。这个道理，古今圣贤也如此说，做得大概一般。然今人说，终是不似，所以争熟不熟耳。纵使说得十分全似，犹不自在，况和那十分似底，也不曾看得出。

刘晏②见钱流地上，想见得熟了如此。某而今看圣贤说话，见圣人之心成片从面前过。

读书之道，用力愈多，收功愈远。先难而后获，先事而后得，皆是此理。

读书，须得个说处方进。

看文字，须要得言外之意。

便是看义理难，又要宽着心，又要紧着心，不宽不足以见其规模之大，不紧不足以见其文理之

_____

① 扭捻：生硬编造。

② 刘晏（716—780），字士安，曹州南华（今山东东明）人，唐代经济改革家、理财家。

密。荀、扬①晓文义，又不见他大规模处。

看书非止看一处，便见道理，如服药相似，一服岂能得病便好？须服了又服，服之多后，药力自行。

圣人之言，大小精粗，无有欠阙。又曰："圣人之言，自是精粗轻重得宜。"

---

① 荀、扬：指荀子、扬雄。

卷 二

虚心涵泳

先生书谓吴伯丰曰："近日看得读书，别无他法，只是除却自家私意。而逐字逐句，只依圣贤所说，白直晓会，不敢妄乱添一句闲杂言语，则久久（案：知服斋本作"久之"，今从《文集》改正。后有讹脱，悉从《文集》改正）自然有得，凡所悟解，一一皆是圣贤真实意思。不然，纵使说得宝花乱坠，亦只是自家独撰见识也。"

先生书谓黄直卿曰："精舍相聚，不成条理。看文字者，不看大意正脉，而却泥着零碎，错乱缠绕，病中每与之酬酢，辄添了三四分病。以此每念吴伯丰，未尝不怅然也。"

先生答胡伯逢书曰："大抵读书，须是虚心平气，优游玩味，观圣贤立言本意所向如何，然后随其远近浅深、轻重缓急而为之说。如孟子所谓'以意逆志'者，庶乎可以得之。若便以吾先入之说横于胸次，而驱率圣贤之言以从己意，设使义理可通，已涉私意穿凿，而不免郢书燕说之诮。况又义理窒碍，亦有所不可行者乎？"

先生答学者书曰："读书之法，惟笃志虚心，反覆详玩，为有功耳。近见学者多率然穿凿，便为定论。或只信所传闻，不复稽考，所以日诵圣贤之言而不识圣贤之意。其所读说，只是据目前见识撰成耳。如此，岂复能长进？前辈盖有亲见有道而所论不无背驰，政坐此耳。"

尹先生门人尝记先生读书云："口诵心得，如诵己言。盖工夫至后，诵圣贤言语，却一似自己言语一般。"

陈安卿问读诸经之法，先生曰："无法，只是刷净（案："净"字，知服斋本误作"静"）了那心后，平看去。若不晓得，又且放下，待他意思好时，又将来看。"又谓潘子善曰："公看文字，好立议论，是先以己意看他，却不以圣贤言语来浇灌胸次。争这些子不好，自后只要白看乃好。"

今之学者，不曾子细玩味圣贤旨意，便要悬空（案："悬"下，知服斋本脱"空"字）妄立议论。一似吃物肚里，其实未饱，却鼓腹向人说饱。若真个饱，却未必说也。今人好作甚铭，作甚赞，于己分上空有何益？既不曾真个读书，玩味得圣贤言意，今日说底是这个话，明日说底是这个话，岂得有所谓实见邪？切戒之。

大抵读书，须是虚心方得。圣贤说一字是一字，自家只平着心去称停①他，都使不得一毫杜撰，只顺他去。某向来亦杜撰说，只不济事。今方见得分明，始知圣人一言一字不吾欺。只今六十一岁方理会得恁地，若或去年死也，则枉了。自今夏来，觉见得才是圣人说话也，不少一个字也，不多一个字，恰恰底都不用一些穿凿。庄子言"吾与之虚而委蛇"，既虚了，又要随他曲折恁地去。今且与公说个样子，久之自见得。今人大抵偪塞②满胸，有

———————

① 称停：衡量，斟酌。
② 偪塞：拥塞，滞塞。

许多伎俩，如何便得他虚，亦大是难。某所以读书自觉得力者，只是不先立议论，且寻句内意，随文解义。今人读书，多是心下先有个意思了，却将圣贤言语来凑他意思，其有不合，则便穿凿之使合。

又曰："今人多是先有个意思了，却将他人说话来说自家底意思。"

圣贤言语当虚心看，不可先自立说去撑拄①，便喎斜②了。不读书者固不足论，读者病又如此。

魏元寿问《大学》，先生因云："今学者不会看文字，多是先立私意，自主张己说在里，只借圣人言语做起头，便自把他意接说将去，病痛专在这上面。"

看前人文字，未得其意，便容易立说，殊害事。盖不得正理，又枉费心力。不若虚心静看，则涵养究索之功，一举而两得矣。有好主叶正则③之说者，先生曰："病在先立议论，圣贤言语，却将来证他说。凡读书，须虚心，且似未识字底，将本

---

①　撑拄：支撑，顶拄。

②　喎斜：喎，音 wāi，歪斜不正。

③　叶正则：即叶适（1150—1223），字正则，号水心居士，温州永嘉（今浙江温州）人，南宋思想家，永嘉学派代表人物。

文熟读平看。今日看不出，明日又看不出，看来看去，道理自出。"

大凡读书，须先认识他本文是说个甚么，须做不曾识他相似。虚心认他字分明后，更看数遍，自然会熟，见得分明。譬人与人相见，初只识面目，再见可以知姓字、乡贯，又再见则可以知性行如何。只恁地识认，久后便一见理会得。今学者读书，亦且未便要悬空去思他。《中庸》云'博学之，审问之'，方言'慎思之'，若未学、未问，便去思他，只是虚劳心耳。又云："切须记得'识认'两字。"

看文字须体认，如辨五色，五色认得定后，平心讲求，义理自然明白。

言科举时文之弊：后生才把书起来读，便先要讨新奇意思，准拟作时文用。下梢弄得熟了，到做官或立朝，虽于朝廷大典礼，也只胡乱捻合出来用，不知被理会得底，一挓①则百杂碎矣。

以圣贤之意观圣贤之书，以天下之理处天下之事。

---

① 挓：音 zā，挤压。

读圣贤之书，以观圣贤之意；因圣贤之意，以观自然之理。

读书须平心下意以求之，则心不驰而得义理之实。又曰："韩退之①云：'沉潜乎训义，反覆乎句读。'须有沉潜反覆之功方可。"

读书须静着心，宽着意，沉潜反覆，将久自会晓得去。又曰："读书放宽着心，道理自会出来。若忧愁迫切，道理终无缘得出来。"

读书须虚心熟读，久之自有所得，亦自有所疑。今先寻讨个疑，便不是。

观书当从大节目处看。程子有言："平其心，易其气，阙其疑，则圣人之意见矣。"

只是平心定气在这里看，亦不可用心思索太过，少间却便损了精神。

学者思虑不可过，但若虚心游意，时时玩味，久当自见那缝罅②意味。

经书有不可解处，只得阙，若一向去解，便有谬处。

---

①　韩退之：即韩愈（768—824），字退之，世称昌黎先生，"唐宋八大家"之一。
②　缝罅：罅，音 xià，缝隙，裂缝。

读书未理会得处，且放下，莫要硬去穿凿。

看文字，须看他文势语脉。

读书须于文义上寻，其次看注解。今人却于文义外寻索。

人之读书，宁失之拙，不可失之巧；宁失之卑，不可失之高。（若吕伯恭①之弊，尽在于巧。）大凡读书求索，宁略无详，宁疏无密，始有余地也。（详故密，密故拘。）先生历言诸生之病甚切，谓时举②看文字，也却细腻亲切，也却去身上做工夫，但只是不去正处看，却去偏傍处看。如与人说话相似，不向面前看他，却去背后寻索，以为面前说话皆不足道。此亦不是些小病痛。想（案："想"字，知服斋本误作"相"）见日用工夫，也只去小处理会，此亦是立心不定之故耳，戒之。

又云："时举说文字虽见得也是，然只是过高，抑且伤巧。此亦不是些小病痛，须勇猛精进（案：

---

① 吕伯恭：即吕祖谦（1137—1181），字伯恭，淮南寿州（今安徽省寿县）人，南宋理学家，与朱熹、张栻齐名，并称"东南三贤"。

② 时举：即潘时举，字子善，台州临海（今浙江临海）人，朱熹弟子。

"进"上，知服斋本落"精"字），以出此窠臼始得。"

又云："且放令心地宽平，不要便就文字上起议论也。"

今之谈经有四病：本卑也而抗之使高，本浅也而凿之使深，本近也而推之使远，本明也而抑之使晦。此谈经之大病也。

观书须宽心平易看，先见得大纲道理了，然后详究节目。如人之入大屋，方在第一重门里面，更有数重门未见，便要说他房里事，如何得？

凡读书，须看上下意是如何，不可泥着一字。如杨子① "于仁也柔，于义也刚"，到《易》中将刚来配仁，柔来配义。《孟子》 "学不厌，智也；教不倦，仁也"，到《中庸》又谓 "成己仁也，成物智也"。此等须是各随本文意看，便不相碍。

看文字，且逐条看，各是一事，不须牵合。

读书且逐处理会，不可彼此牵引来比较，初无补于用力之意，徒费心力。闲立议论，翻得言语转多，却于自家分上转无交涉。

看文字只要虚心，横渠云："濯去旧见，以来

———————

① 杨子：即扬雄。

新意。”

读书若有所见，未必便是，不可便执着，且放在一边，更读书以求新见。若执着一见，则此心便被此见遮蔽了。

人读书遇难处，且须虚心搜讨意思。有时有思绎底事，却去无思量处知得。自山下观山上为阻，故指《乾》而言；自山上观山下为险，故指《坤》而言。因登山而明险阻之义。

先生帅潭①，有问：“承有②教读书须要涵泳，因看《孟子》千言万语，只是论心，七篇之书如此看，是涵泳工夫否？”先生云：“某为见此中人读书，大段卤莽，所以说须当涵泳，令胸中有所得耳。如吾友所说，又衬一件意思，硬要差排③。”又一士友曰：“先生涵泳之说，乃杜元凯④优而柔之之意。”先生曰：“固是如此，亦不用如此解说。所谓涵泳者，只是子细读书之异名也。大率与人说

① 帅潭：指朱熹知潭州（今湖南长沙）时。
② 有：四库本作“见”。
③ 差排：安排，派遣。
④ 杜元凯：即杜预（222—285），字元凯，京兆杜陵（今陕西西安）人，魏晋时期的经学家、军事家、律学家。

话，便是难处。某只说一个涵泳，一人硬来差排，一人硬来解说。此是随语生解，支离蔓延闲讲。若如是读书，如是听人说话，全不是自做工夫。"

《周易五赞·警学篇》①有曰："读《易》之法，字从其训，句逆其情，事因其理，意适其平。曰否曰臧，如目斯见；曰止曰行，如足斯践。毋宽以略，毋密以穷，毋固而可，毋必而通，平易从容，自表而里，及其贯之，万事一理。"

《尚书》有不必解者，有须着意解者，有略须解者，有不可解者。如《仲虺》《汤诰》（案："汤"字，知服斋本误作"康"）、《太甲》诸篇，只是熟读，义理自分明，何俟于解？如《洪范》，则须着意解。如典谟诸篇，辞稍雅奥，亦略须解。若《盘庚》诸篇，已难解；而《康诰》之书，则已不可解矣。昔者吕伯恭相见，语以此。渠云："亦无可阙处。"因语之云："若如此，则是读之未熟。"后二年相见，云："诚如所说。"（先生答蔡仲默曰："《康诰》'外事'与'肆汝小子封'处，自不可晓。某尝谓《尚书》有不必解者，有须着意解者，有略须解者，有不可解者。正谓此等处耳。"）蔡仲默

----

① 按：该篇出自朱熹《周易本义》。

云："《尚书》文义通贯，犹是第二义。直须见得二帝三王之心，而通其所可通，无强通其所难通。"先生曰："即此数语，便已参到七八分。"

《诗》之为经，人事浃于下，天道备于上，而无一理之不具。学《诗》者当本之《二南》，以求其端；参之列《国》，以尽其变；正之于《雅》，以大其规；和之于《颂》，以要其止。此学《诗》之大旨也。于是乎章句以纲之，训诂以记之，讽咏以昌之，涵濡以体之。察之德性隐微之间，审之言行枢机之始，则修身、齐家、平均天下之道，其亦不待他求而得之于此矣。

大凡读书，先晓得文义了，只是常常熟读。如看《诗》，不必着意去里面解释，只是平平地涵泳自好。因举"池之竭矣，不云自频；泉之竭矣，不云自中"，吟咏久之。又云："《大雅》中，如《蒸民》《板》《抑》诗，使人日诵于其侧，不知此出何处。他读书，想见必是如此。"

看《诗》不当只管去《序》① 中讨止，当于诗辞吟咏，看教活络贯通，方得。大凡读书，多在讽

---

① 《序》：即《毛诗序》。

诵中见义理，况《诗》又全在讽诵之功。

程先生《诗传》，取义太多。诗人平易，恐不如此。

上蔡说："须先识得六义体面，而讽咏以得之。"此却是会读《诗》。

又曰："读《诗》须得他六义之体。东莱说《诗》特煞巧，《诗》正怕如此看。古人意思自宽平，何尝如此纤细拘迫？"

《春秋》大旨，其可见者，诛乱臣、讨贼子，内中国、外夷狄，贵王贱霸而已，未必如先儒所言，字字有义也。

看《春秋》甚难，须是有当时《鲁春秋》来看，见得圣人改窜处，方始知得事实。然那得有此《春秋》之书？且据《左氏》。当时大乱，圣人且据实而书之，其是非得失，付诸后世公论，盖有言外之意。若必于一字之间求褒贬所在，窃恐不然。

《春秋》书例多不可信，圣人记事安有许多义例？如书罚国，恶诸侯之擅兴；书山崩、地震、冬蝝之类，知灾祥有所自致也。

先生作《中庸集解序》曰："读《中庸》者，毋跂于高，毋骇于奇。必沉潜乎句读、文义之间，以会其归；必戒慎恐惧乎不睹不闻之中，以践其实。庶乎优游厌饫①，真积力久，而于博厚、高明、悠久之域，忽不自知其至焉。"

《论语》之书，已有前辈解说，但恐后学难晓，故《集注》尽撮其要，说尽了，不须更在注脚外（案："在"字，知服斋本误作"作"），又添一段说话。只把他那《集注》（案："集注"，知服斋本误作"集解"）熟读，自然晓得，莫枉费心力，去外面思量。

看《精义》须究心，不可看杀了。二先生说，自有相关透处，如伊川云"有主则实"，又云"有主则虚"。如孟子云"生于其心，害于其政（案："政"字，知服斋本误作"事"）；发于其政，害于其事"，又云"作于其心，害于其事；作于其事，害于其政"，自当随文、随时、随事看，各有通透处。

问《大学》，先生曰："读书须周匝遍满，某旧时有四句云：'宁详毋略，宁下毋高，宁拙毋巧，宁近毋远。'"

胡叔器问（案：知服斋本脱"问"字）读《左传》法，先生曰："自平日看那事理、事情、事势，十

---

① 厌饫：饫，音 yù。吃饱，满足。

二公时各不同。如隐、桓时，王室新东，号令不行，天下都星散无主。庄、僖之时，桓、文①迭伯②，政自诸侯出，天下始有一统。宣公时，楚庄王盛强，戎狄主盟中国，诸侯亲齐者，亦皆朝楚。及成公之世，悼公③出来整顿，楚始退去。既而，吴越又强入来争霸。定、哀公之时，政自大夫出，鲁三家、晋六卿、齐田氏、宋华向，放弛肆意。故终春秋世，更不奈何。但是某常说春秋之末，与初年大不同，然是时诸侯争战，只如戏样，亦无甚大杀戮。及战国七雄争强，那时便多是胡乱相杀。如石门斩首六万，不知怎生地杀了许多。及其后秦人长平之战，四十万人死，是杀了多少，不知如何有许多人。如后来项羽，也坑十万，不知他如何地掘那坑，死底都不知，当时如何对付许多人。"陈安卿曰："恐非掘地坑。"先生曰："是。尝见邓艾伐蜀，坑许多人，亦说是掘坑。"

读史有不晓处，札出，便且读过去，有时读别底，撞着文义，与此相关，便自晓得。

---

① 桓、文：即齐桓公、晋文公。
② 伯：即霸。
③ 悼公：即晋悼公。

读书别无法，只管看，便是法。正如验人相似，验来验去，自然验得。自然都未要先自立意见，且虚心只管看，看来看去，自然晓得。某那《集注》都详备，只是要看，无一字闲。那个无紧要底字越要看，自家意里说是闲，那个正是紧要字。

切己体察

书有合讲处，有不必讲处，且如一处定如此了，则更不用讲。只是便去下工夫，不要缓慢。

整齐严肃，便是主一，主一便是敬。圣贤说话，千方百面①，虽是如此说，亦须逐一去做。然后到极处，不过如此。

诸生说书毕，先生曰："诸公看道理，寻得一线子②路脉着了，说时也得知，恁地说过去，则不

---

① 面：底本作"回"，误，据四库本改。
② 一线子：形容极其细微。

济事。"周贵卿曰："非不欲常常持守，但志不能帅气，后临事又变迁了。"先生曰："只是乱道，岂可由他自去正？要待他去时拨转来，'为仁由己，而由人乎哉？'止，吾止也；往，吾往也。"

为学就其偏处着工夫，亦是其平正道理自在。若一向矫枉过直，又成偏处。学须要致知，然不可徒知。《书》曰："知之非艰，行之惟艰。"工夫全在行上。

看道理，须要就那大处看，须要面前开阔，不要就那壁角里面去。而今看天理人欲、义利公私，分别得明白，将自家日用底，与他勘验，须渐有见处。若不去那大坛场①上行，理会得一句透，只是一句道理耳。

傅诚至叔请教。先生曰："圣贤教人甚分晓，但人自不将来做切己看。故觉得读所做时文之书与这个异，要之只是这个书。今人但见口头道得，笔下去得，纸上写得，遂以为如此便了。殊不知圣贤教人，初不如是，而今所读，亦自与自家不相

---

①　坛场：古代设坛举行祭祀、继位、盟会、拜将等大典的场所，此处指世间或社会。

干也。"

读书不可只专就纸上求义理，须反来就自家身上推究。秦汉以后，无人说到此，亦只是一向去书册上求，不就自家身上理会。自家见未到，圣人先说在那里，自家只借他言语，来就身上推究始得。

入道之门，是将自己个身入那道理中去，渐渐相亲，与己为一。而今人道理在这里，自家身在外面，元不曾相干涉。

学者读书须要将圣贤言语，体之于身。如"克己复礼"，如"出门如见大宾"等事，须就自家身上体，看我实能克己复礼、主敬行恕否？件件如此，方有益。

读一句书，须体察此一句，我将来甚处用得。

人之为学，也是难。若不从读书上做工夫，又茫然不知下手处。若字字求，句句论，而不于身上着工夫体认，则又无所益。且如孔子说"我欲仁，斯仁至矣"，然亦未尝许弟子以仁。虽颜子之贤，亦以为不能不违于三月之后，何也？学者盍亦于日用间体验，我若欲仁，其心如何？仁之至不至，其意又如何？又如圣人说非礼勿视勿听勿言勿动，[盍于每事省察，何者为非礼？而吾又何以勿视勿听勿言勿动?]① 若能如此读书，庶几有得。

先生答曾无择（案："无择"，知服斋本误作"元择"）书曰："所示疑义悉已报去（案："报"字，知服斋本误作"散"），但觉得都是在外边看，未有个入头处。须更虚心静虑，将圣贤言语从里面亲切处看出来，庶几见得意味，不为空言。不然，似此泛滥含糊，无益于事，终久不得力也。"

读六经，只就自家身上讨道理，便易晓。

《尚书》初读甚难，似见于己不相干。后来熟读，见尧、舜、禹、汤、文、武之事，皆是切己。

问："体道是如何?"先生曰："体犹体究之体，言以自家己身体那道也。盖圣贤所说，无非道者。只要自家以此身去体他，令此道为我有也，如克己便是体道工夫。"先生云："诸公数日看文字，但就文字上理会，不曾切己。但②看文字，非是要理会文字正，要理会自家性分上事。"

龟山云："读书以身体之，以心验之，从容自尽于燕闲静一之中。"李先生学于龟山，其源是如

---

① 按：此句底本阙，据四库本补。
② 但：四库本作"凡"。

71

此。曰："龟山只是要闲散，然却读书。"

圣人语言甚实，即吾身日用常①行之间可也。

读书须将圣贤言语，就自家身上做工夫。

大抵读书，须要看那道理是作何用？若只读过便休，何必读？

圣人说话，岂可以言语解过一遍便休了？须是实体于身，灼然行得，方是读书。

《论语要义》甚便学者观览，然向上尽费眼力。在若本领处见不透彻，则虽至言妙论日陈于前，只是闲言语也。学者读书，先要理会自己本分上事。

大凡读书，须是要自家日用躬行处着力方可。

先生答吴伯丰书曰："伯丰明敏有余，讲学之际，不患所见之不精。区区属望之意，盖非他人之比。但愿更于所闻，身体而力行之，使俯仰之间无所愧怍，而胸中浩然者，真足以配义与道，不但为诵说之空言而已，则区区之愿也。"

或问："读《大学章句》《或问》②，虽大义明白，然不似听先生之教亲切。"曰："既晓得此意

---

① 常：底本作"当"，误，据四库本改。
② 《或问》：即朱熹《大学或问》。

思，须持守相称，方有益。'诚敬'二字，是涵养他底。"

着紧用力

先生谕学者曰："老苏自言：'其初学为文时，取《论语》《孟子》《韩子》及其他圣贤之文，而兀然端坐终日以读之者七八年。方其始也，入其中而惶然以博，观于其外而骇然以惊。及其久也，读之益精，而其胸中豁然以明。若人之言固当然者，然犹未敢自出其言也。时既久，胸中之言日益多，不能自制，试出而书之。已而再三读之，浑浑乎觉其来之易矣。'予谓老苏但为欲学古人说话声响，极为细事，乃肯用功如此，故其所就亦非常人所及。如韩退之、柳子厚①辈，亦是如此，其答李翊、韦中立之书，可见其用力处矣。然皆只是要作好文

---

① 柳子厚：即柳宗元（773—819），字子厚，河东郡（今山西运城、芮城一带）人，世称"柳河东""柳柳州"，"唐宋八大家"之一。

章，令人称赏而已，究竟何预已事？却用了许多岁月、许多精神，甚可惜也（案："甚"字，知服斋本误作"其"）。"

今人说要学道，乃是天下第一至大至难之事，却全然不曾着力，盖未有能用旬月工夫熟读一卷书者。及至见人，泛然发问，临时凑合，不曾举得一两行经传成文，不曾照得一两处首尾相贯。其能言者，不过以己私意敷演立说，与圣贤本意了无干涉，何况望其更能反求诸己，真实见得，真实行得邪？如此求师，徒费脚力。不如归家杜门，依老苏法，以二三年为期，正襟危坐，将《大学》《论语》《中庸》《孟子》及《诗》《书》《礼记》、程、张诸书分明易晓处，反覆读之，更就己身心上存养玩索，着实行履。有个入处，方可求师证其所得而订其谬误，是乃所谓"就有道而正焉"，而学之成也可冀矣。如其不然，未见其可，故书其说以示来者云。

先生诲郭元德云："读书时，当将此心葬在此书中，行住坐卧，念念在此，誓以必晓彻为期。外面有甚事，我也不管，只一心在书上，方谓之善读书。若但欲求某面前说得，不求自熟，如此济甚事？须是着精神，字字看过，不惟念得正文，注字亦须记得，方可。今人于正文犹记不得，如何会晓？"

欧公①言："作文有三处好思量：枕上、马上、厕上也。"只是做文章尚如此，况求道乎？而今人只对着册子，便思量；册子不在，心便不在，如此济得甚事？

先生痛言诸生工夫悠悠云："今人做一件没紧要底事，也须着心去做，方始会成。如何悠悠会做得事？且如好学写字底人，念念在此，则所见之物，无非是写字底道理。又如贾岛作诗，只思'推敲'两字，在驴上坐，只把手作推敲势，大尹②是许多车马人从，渠更不见，不觉犯了。只此二字，何有利害？他直得用力恁地，所以做得诗精。今吾人学问，是个大事，却全悠悠，若存若亡，更不着紧用力，反不如他人做没紧要底事，可谓倒置。"

先生曰："熹自十六七时，下工夫读书，彼时

---

① 欧公：即欧阳修（1007—1072），字永叔，号醉翁，晚号六一居士，吉州永丰（今江西永丰县）人，"唐宋八大家"之一。

② 大尹：府县行政长官，这里指韩愈。

四畔皆无津涯，只是恁地着力去做。至今虽不足道，但当时也吃了多少辛苦，读了多少书。今日猝乍①便要读到某这田地，也是难，要须积累着力方可。某今老而将死，所愿望者，诸友勉力学问而已。"

某少时读《四书》甚辛苦，今人读时，又较易做工夫耳。

学者悠悠，最是大病。今觉得诸公尽是进寸退尺，每日理会些少文义，都轻轻拂过了，不曾动得皮毛上。这个道理规模，大体面阔，须是去四面包括，方是无走处。今只说一面去，又不深用力，如何会得？且如曾点、漆雕开两处：漆雕开事言语少，难理会；曾点底须子细看他是乐个甚底，是如何地乐，不只是圣人说这个可乐，便信着他，须是自见得可乐底，依人口说不得。又曰："而今持守，便要打叠，教洁净。看文字须着意思索，应事接物都要是四面去讨他，须有一个通处。"又曰："如见阵厮杀，擂着鼓，只是向前去，有死无二，莫要回头，始得。"

---

① 猝乍：仓猝，突然。

为学须是痛切恳恻去做工夫，使饥忘食，渴忘饮，方得。

学者最怕因循。

悠悠于学者，最有病。

为学要刚毅果决，悠悠不济事。且如"发愤忘食，乐以忘忧"，是甚么精神！甚么筋骨（案："筋骨"，知服斋本误作"骨筋"）！今之学者，全不曾发愤。

直要抖擞精神，莫要昏钝，如救火、治病然，岂可悠悠岁月？

为学正如撑上水船，一篙不可放缓，时乎时乎不再来，如何可失？

先生答滕德粹书曰："官闲颇得读书，不知做得何工夫？岁月如流，易得空过。彼中朋友书来，多称德粹之贤。然鄙意所望者，则不止此，愿更勉力，益加探讨之功，勿令异时相见，无疑可问，乃所望尔。"又曰："切宜痛加矫厉，专一用工，庶几不至悠悠虚度时日也。"又曰："大抵学问，以变化气质为功，不知向年迟缓悠悠意思，颇能有所改革否？若犹未也，更须痛自鞭策，乃副所望耳。"又曰："暇日读何书？作何事业？学问别无他巧，只要持守纯固，讲诵精熟耳。两事皆以专一悠久为功，二三间断为败，不可不深念也。"

先生答程正思书曰："大抵近日朋友，例皆昏弱无志，散漫无主，鞭策不前。独正思笃志勤恳，一有见闻，便肯穷究，此为甚不易得！常与朋友言之，以为为学正须如此，方有可望耳。"

居敬持志

廖晋卿请读何书，先生曰："公放心久矣，精神收拾未定，无非走作之时。不若且收敛精神，方好商量读书。"继又谓之曰："《玉藻》九容①处，且去子细体认，待有意思，却好读书。"

先生云："诸公固皆有志于学，然持敬工夫大段欠在。若不如此，何以为进学之本？程先生云：'涵养须用敬，进学则在致知。'此最精要。"和之问："不知敬如何地持？"先生曰："只是要收敛此

---

① 九容：即《礼记·玉藻》中"足容重，手容恭，目容端，口容止，声容静，头容直，气容肃，立容德，色容庄"九种容姿。

心，莫要①走作而已。今人精神自不曾定，读书安得精专？凡看山、看水，风吹草动，此心便自走失，视听便是眩惑，此何以为学？诸公切宜勉此。"

心不定，故见理不得。今未要读书，且先定其心，屏去许多闲思乱想，使心如止水，如明镜。读书闲时，且静坐，教他心平气定，见得道理渐次分明。这个却是一身总会处。且如看《大学》"在明明德"一句，须常常提省在这里。他日长进，亦在此一心做本，须存得在这里，识他条理络脉，自有贯通处。

问："方读书时，觉得无静底工夫。须是有读书时，有虚静时。"先生曰："某旧见李先生常教令静坐，后来看得不然。只是一个'敬'字好。方无事时，敬以自持，凡心不可放入无何有之乡，须是收敛在此；及应事时，敬于应事；读书时，敬于读书。便自然该贯动静，心无时不在。"

今学者说书，多只是捻合②来说，都不详密活熟。此病不是说书上病，乃是心上病。盖心不专静

---

①　要：四库本作"令"。
②　捻合：胡乱凑合。

纯一，故思虑不精明。要须养得此心虚明专静，使道理从里面流出方好。张仁叟问："何以能如此？莫只在静坐否？"先生曰："自去检点看，且一日之间，试看此心几个时在内？几个时在外？小说中载赵康靖公以白黑豆记善恶念之起，善念起则投白豆，恶念起则投黑豆。初时黑多白少，已而白多黑少，久之则白亦少矣。此是古人做工夫处。如此检点，则自见矣。"

读书须将心贴在书册上，逐字看得，各有着落，方可①商量。须是收拾此心，令专静纯一，日用动静都在，不驰走散乱，方看得文字精审。如此，方是有本领。

凡看文字，非是要理会文字，正要理会自家性分上事。学者须要主一，主一是常要心存在这里，乃可做工夫。如人先须寻个屋子住，至于为农工商贾，方任其所之。若无个屋子，如小人趁得百钱，亦无归宿。又云："无事时，须要知得此心。不知此心，恰似困睡相似，都不济事。今看文字，义理不出，亦只缘主一工夫欠阙。"

---

① 可：四库本作"好"。

学者多不肯用心，且莫说收敛个心在身上，而今要得收拾个心在书帙上亦无。

周元卿问："着心读书，有时半板前心在书上，半板后忽然思量他事，口虽读，心自在别处，如何得心只在书上？"先生曰："此最不可，所谓'不诚无物'，虽读犹不读也。"

前辈云："读书不可不敬。"敬便精专，不走了这心。

看文字，须此心在上面。若心不在，便是不曾看相似，所谓"视之而不见，听之而不闻"。

读书闲暇，宜于静室安坐，庶几心平气和，可以思索义理。

杨至之患读史无记性，须三四遍方记得，而久后又忘了。先生曰："只第一遍读时，须用功作相别①记，止此更不再读，便记得。有一士人读《周礼疏》，读第一板讫，则焚了；读第二板，则又焚了。是亦作焚舟计。若初且草草读一遍，准拟②三四遍，便记不牢。"又曰："读书须是有精神。"至

---

① 相别：彼此分别。
② 准拟：料想。

之曰：“亦须是聪明。”先生曰：“虽有聪明，亦须是静，方运得精神。昔见延平说：‘罗先生①解《春秋》也浅，不似胡文定②。后来随人入广，至罗浮山住两三年，去那里心静，须看得较透。’某初疑道：解《春秋》干心静甚么事？后来方晓。盖静则心虚，道理方看得出。”

---

① 罗先生：即罗从彦（1072—1135），字仲素，号豫章先生，南剑州剑浦（今福建南平）人，豫章学派创始人，二程再传弟子。

② 胡文定：即胡安国（1074—1138），字康侯，号青山，谥文定，建宁崇安（今福建武夷山）人，北宋著名学者，治《春秋》学。

卷　三

纲　领

人之为学，固是欲得之于心，体之于身，但不读书，则不知心之所得者何事？

学不是读书，然不读书，又不知所以为学之道。圣贤教人，只是要诚意、正心、修身、齐家、治国、平天下，所谓学者，学此而已。

读书是讲学中一事。

又曰："读书是格物一事。"

本心陷溺之久，义理浸灌未透，且宜读书穷理，常不间断，则物欲之心自不能胜，而本心之义理自安且固矣。

先生语黄义刚曰："读书穷理，便是为学，其他也无陶铸处。"又曰："只杜门读书，便是所向，别也无所向。只是就书上子细玩味，考究义理便是。"

不读书，不穷理，则心无所用，遂生出病。

读书理会一件又一件，书不可只就皮肤上看。天下无书不是合读底，若一个书不读，这里便阙此一书之理。

去圣既远，天下无师，学者必因书记语言以知天下之精微，知之固道也。不然，则为溺心志之大阱矣。

先生答陈明仲书曰："上古未有文字之时，学者固无书可读，而中人以上，固有不待读书而自得者。但自圣贤有作，则道之载于经者详矣，虽孔子之圣，不能离是以为学也。"

答吕子约书曰："夫学者既学圣人，则当以圣人之教为主。今六经、《语》《孟》《中庸》《大学》之书具在（案："具"字，知服斋本误作"且"）。彼以了悟为高者，既病其障碍，而以为不可读；此以记览为重者，又病其狭小，而以为不足观。如是，则是圣人所以立言垂训者，徒足以误人而不足以开人。孔子不贤于尧舜，而达摩贤于仲尼矣，无乃悖之甚邪！"

答刘定夫书曰："学者息却许多狂妄，身心除却许多闲杂说话，着实读书。初时尽且寻行数墨，久之自有见处。最怕人说学不在书，不务佔毕①，不专口耳。下梢说得张皇，都无收拾，只是一场脱空，直②是可悲！"

先生记建阳藏书阁，有曰："古之圣人作为六经以教后世，《易》以道幽明之故，《书》以记政事之实，《诗》以道性情之正，《春秋》以示法戒之严，《礼》以正行，《乐》以和心，其于义理之精微，古今之得失，所以该贯发挥，究备穷极，可谓盛矣。而总其书，不过数十卷，盖其简易精约又如此。自汉以来，儒者相与遵守而诵习之，转相授受，各有家法，然后训传之书始出。至于有国家者，历年行事之迹，又皆各有史官之记，于是文字之传益广。若乃世之贤人、君子，学经以探圣人之

---

① 佔毕：诵读。
② 直：四库本作"真"。

心，考史以验时事之变，以至见闻感触，有接于外
而动乎中，则又或颇论著其说，以成一家之言，而
简册所载，箧椟①所藏，始不胜其多矣。然学者不
欲求道则已，诚欲求之，是岂可以舍此而不观也
哉？而近世以来，乃有所谓科举之业者，以夺其
志。士子相从于学校庠塾之间，无一日不读书，然
问其所读，则俱②非向之所谓者。呜乎！读圣贤之
言，而不通于心，不有于身，犹不免于书肆（案：知
服斋本犹字误作有），况其所读又非圣贤之书哉？以此道
人，乃欲望其教化行而风俗美，盖亦难矣。"

　　先生记经史阁，有曰："古之学者无他，明明
德、新民，求各止于至善而已。夫其所明之德、所
止之善，岂有待于外求哉？识其在我而敬以存之，
其亦可乎。其所以必曰读书云者，则以天地、阴
阳、事物之理，修身、事亲、齐家及国以至于平治
天下之道，与凡圣贤之言行、古今之得失、礼乐之
名数，下而至于食货源流、兵刑之法制，亦莫非吾
之度内，有不可得而精粗者。若非考诸载籍之文，

---

①　箧椟：竹箱与木柜。
②　俱：四库本作"举"。

沉潜参伍①以求其故，则亦无以明夫明德体用之全，而止其至善、精微之极也。然自圣学不传，世之为士者不知学之有本，而惟书之读，则其所以求于书者不越乎记诵、训诂、文字之间，以钓声名、干利禄而已。是以天下之书愈多而理愈昧，学者之事愈勤而心愈放，词学愈丽，议论愈高，而其德业、事功之实愈无以逮乎古人，然非书之罪也。读者不知学之有本，而无以为之地也。使二三子者，知夫为学之本有无待于外求者，而因以致操存、持守之功，使吾方寸之间清明纯一，真有以为读书之地，而后宏其规、密其度，循其先后本末之序，以大玩乎阁中之藏，则夫天下之理，必有以尽其纤悉而一以贯之。异时所以措诸事业者，亦将有本而无穷矣。"

先生作《论语训蒙》（后更名《集注》），序曰："夫其训释之详且明也，日讲焉，则无不通矣；义理之精且约也，日诵焉，则无不识矣。通者已知而时习，识者未解而勿忘。余之始学，亦若斯而已矣。呜乎！小子其懋敬之哉！汲汲焉而毋欲速也，

---

①　参伍：比较，验证。

循循焉而毋欲惰也。毋牵于俗学而绝之，以为迂且诞也；毋惑于异端而躐之，以为近且卑也。圣人之书，大中至正之极，而万世之标准也。古之学者，其始即以此为学，其卒非离此以为道。穷理尽性，修身齐家，推己及人，内外一致，盖取诸此而无所不备，亦修吾身而已矣。舍是而他求，夫岂无可观者，然致远恐泥。昔者吾几陷焉，今裁①自脱，故不愿汝曹之为之也。呜乎！小子其懋戒之哉！"

先生答刘仲则书曰："舍去书册，不复以讲学、问辨为事，则恐所以持身接物之际，未有皆能识其本原，而中于几会。此子路'何必读书'之论，所以见恶于圣人也。"

答包详道书曰："今谓圣门之学，全然不须讲学，才读书穷理，便为障蔽，则无是理。颜子一问'为邦'，夫子便告以四代之礼乐。若平时都不讲学，如何晓得《礼记》有《曾子问》一篇，于礼文之变纤悉曲尽，岂是块然都不讲学邪？东坡作《莲华漏铭》，讥卫朴②以己之无目而欲废天下之

---

① 裁：通"才"。
② 卫朴：北宋天文学家，青年时双目失明。

视，来谕无乃类此乎？"

答项平父书曰："圣贤教人，虽以恭敬持守为先，而于其中，又必使之即事即物，考古验今，体会推寻，内外参合。盖必如此，然后见得此心之真、此理之正，而于世间万事，一切言语，无不洞然了其黑白也。"

答颜子坚书曰："辱书，备见雅志，然所谓'古人学问不在简编，必有所谓统之宗、会之元'者，则仆之愚，于此有未喻也。圣人教人博文约礼、学问思辨而力行之，自洒扫应对、章句诵说，以至于精义入神、酬酢万变，其序不可诬也。若曰学以躬行，心得为贵，而不在于简编，则可；若曰不在简编，而惟统宗会元之求，则是妄意躐等，以陷于邪说诐行之流，而非圣贤所传之正矣。"

循序渐进（序有二，其说见前集。）

读群书先后缓急之序

问："初学当读何书？"曰："六经、《论》

《孟》皆圣贤遗书，皆当读。但初学当须知缓急，《大学》《语》《孟》是圣人为人切要处，惟《大学》一书说古人为学大方①，玩味此书，却读《论语》。"

学须以《大学》为先，次《论语》，次《孟子》，次《中庸》。《中庸》工夫密，规模大。《语》《孟》《中庸》，待《大学》通贯浃洽，无可得看后，方看乃佳。

先看《大学》，次《语》《孟》，次《中庸》，果然下工夫，句句字字，涵泳切己，看得透彻，一生受用不尽。

人自有合读底书，如《大学》《语》《孟》《中庸》等书，岂可不读？读此四书，然后看《诗》《书》《礼》《乐》。上古之书莫尊于《易》，中古后书莫大乎《春秋》，然此两书，皆未易看。

先生问："刚中平时读何书？"刚中说："看《论语②》、荀、扬、庄、老、王通③诸书。"先生

---

① 大方：即大纲、大概。
② 论语：四库本作语、孟。
③ 王通（584—617），字仲淹，又称文中子，隋朝时期教育家、思想家，著有《中说》。

云："须看《论》《孟》，若荀、扬，乃误人之书，庄、老乃坏人之书。"

问："看书以何为先?"曰："先读《大学》，可见古今为学首末次第。"

又曰："致知、格物是穷此理，诚意、正心、修身是体此理，齐家、治国、平天下是推此理，要做三节看。"

《大学》是圣门最初用工处，格物又是《大学》最初用工处。"致知"一章，此是《大学》最初下手处，若理会得透彻，后面便容易看。

先读《大学》，可见古人为学首末次第。且就实处理会却好，不消得专去无形无影处理会。

读书之序，须是且着力去看《大学》，又着力去看《论语》，又着力去看《孟子》。看得三书了，这《中庸》半截都了，不用问人，只略略恁看过，不可掉了易底，却先去攻那难底。《中庸》多说无形无影，如鬼神、如天地参等类，说得高，说下学处少，说上达处多。若且理会文义，则可矣。

《易》难看，不若且看《大学》《中庸》《语》《孟》《诗》《书》，较好商量。

《易》书自是难看，须经历（案："历"字，知服斋本

^{误作"理"}）世故，多识尽人情物理，方看得入。盖此书平澹，所说之事皆是见今所未尝有者。学者须先读《诗》《书》他经，有个见处，及曾经历事，方可以读《易》，得其无味之味。此初学者所以未可便看。如《论语》所载，皆是事亲、取友、居乡党，目下便用得者；所言，皆对着学者即今实事。《孟子》每章先言大指了，又自下注脚。《大学》则前面三句总尽格物致知，而下一段纲目，"欲明明德"以下一段，又总括了《传》中许多事。一如锁子骨①，才提起，便总说得来，所以教学者且看此二三书。若《易传》，则卒乍里面，无提起处，盖其间义理阔多。

《易传》先须读他书（案："他"字，知服斋本误作"化"），理会得义理了，方有个入路，见其精密处。盖其所言义理极妙，初学者未曾使着，不识其味，都无启发。如遗书之类，人看着，却有启发处。非是《易传》不好，是不合使未当看者看，须是已知义理者，得此便可磨礲入细。此书于学者，非是启发工夫，乃磨礲工夫。

---

① 锁子骨：指人联结如锁状的骨节，也称为锁骨。

先生与徐①丞相书曰："《易》书难读，今之说者，多是不得圣人本来作经立言之意，而缘文生义，便说道理。故虽说得行，而揆以人情，终无意味。顷尝极意研索，仅得一二，而所未晓者尚多。窃意莫若且读《诗》《书》《论》《孟》之属，言近指远，而切于学者日用工夫也。"

先生答江德功书曰："若要读书，且读《论》《孟》《诗》《书》之属，就平易明白、有事迹可案据处，看取道理体面，涵养德性。"

今人耳学，都不将心究索。大抵诸经文字，有古今之殊，又有传注障碍，若非理明义精，卒难抉择。不如且读《大学》《论》《孟》《中庸》，平易明白，而意自深远，只要人玩味寻绎，目下便可践履也。

答符复仲书曰："《易》书明白而精深，易读而难晓，须兼《论》《孟》及《诗》《书》明白处读之，乃有味耳。"

答方宾王书曰："《易》之一书，最不易读。而今人喜言之，正所谓画鬼神者。殊不知只是瞒得

①　徐：四库本作"陈"。

不会底，于自己分上成得何事？而世人自有晓得者，亦不可得而欺也。"

答陈明仲书曰："经书难读，而《易》书为尤难。盖未开卷时，已有一重象数大概工夫；开卷之后，经文本意又多被先儒硬说杀了。今人看得意思局促，不见本来开物成务活法。"

读《礼记》，复读《仪礼》。《仪礼》是经，《礼记》是解。如《仪礼》有《冠礼》，《礼记》便有《冠义》；《仪礼》有《昏礼》，礼记便有《昏义》。其他皆然。

读书须是先以经为本，而后读史。

先生答吕伯恭书曰："示喻令学者（案："令"字，知服斋本误作"今"）兼看经史甚善。此间学者少通敏之资，只看得一经，或《论》《孟》已无余力矣，然恐亦当令多就经中留意为佳。盖史书闹热，经书冷澹，后生心志未定，少有不偏向外去者，亦当预防也。"

又曰："为学之序，为己而后可以及人，通理然后可以制事。故程夫子教人，先读《论》《孟》，次及诸经，然后看史，其序不可乱。若恐其徒务空言，但当就《论》《孟》、经书中，教以躬行之意，庶不相远。"

《通鉴》难看，不如看《史记》《汉书》。《史记》《汉书》事多贯穿；《通鉴》是逐年事，逐年过了，更无踪迹。某旧读《通鉴》，且草看正史一上①，却来看他。

答潘叔昌书曰："看史欲通知古今之变，又以观其所处理义之得失耳。"

读《通鉴》且将全本熟看，却去看《纲目》②，《发明》③ 却尽好议论也。

先看《论》《孟》《中庸》，更看一经，却看史，方易看。先看《史记》，《史记》与《左传》相包，次看《左传》，次看《通鉴》，有余力，则看全史。

人要会作文章，须读取一部西汉文与韩文、欧阳文、南丰文④。

先生答程允夫书曰："《三百篇》，性情之本；

① 一上：即一番。
② 《纲目》：即《资治通鉴纲目》，朱熹撰。朱熹曾多次修改，但生前未能完稿，后由其门人赵师渊续完。
③ 《发明》：《资治通鉴纲目发明》，尹起莘撰，该书以朱熹《资治通鉴纲目》为本，阐发其旨意。
④ 按：韩指韩愈，欧阳指欧阳修，南丰指曾巩。

《离骚》，词赋之宗。学诗而不知以此，是亦浅矣。后山①诗固佳，然前辈以为尽力规摹，已少变化，其论甚当。然学者所急，亦不在此。学者之要，求诸己而已。求诸己，别无要妙，《语》《孟》二书精之熟之，求所以见圣贤用意处，被服而力持之可也，文字工拙尚何足道?"

又书曰："某闻之先师病翁②及诸丈人先生，皆谓作诗须从陶、柳③门庭中来，乃佳耳。盖不如是，不足以发肃敬④冲澹之趣，不免于局促尘埃，无由到古人佳处也。如《选》⑤诗及韦苏州⑥诗，亦不可不熟观。近世（按：此下疑有缺文。又按：此二段为

---

① 后山：即陈师道（1053—1102），字履常，号后山居士，徐州彭城（今江苏徐州）人，北宋文学家，"苏门六君子"之一，江西诗派重要诗人。

② 病翁：即刘子翚（1101—1147），字彦冲，号病翁，朱熹老师。

③ 陶、柳：即陶渊明、柳宗元。

④ 肃敬：四库本作"萧散"。

⑤ 《选》：即《文选》，又称《昭明文选》，由南朝梁昭明太子萧统主持编定，是中国文学史上现存最早的诗文总集。

⑥ 韦苏州：即韦应物，字义博，京兆杜陵（今陕西西安）人，唐代诗人，因曾任苏州刺史，人称"韦苏州"。

《朱子文集》所未载。）　［诗人，如陈简斋①绝佳，张巨山②逾冲淡，但世不甚喜耳。更须］③　熟观《语》《孟》，以探其本。"（已上三段非读书本务，亦圣门游于艺之意云耳。）

每书诵读考索之序

观书不可贪多，常使自家力量有余。须看得一书彻了，方再看一书，若杂然并进，却反为所困。如射弓，有五斗力，且用五斗弓，便可拽④满，己力欺得他过。今学者不忖自己力量去观书，恐自家照管他不过。

读书须看一句后，又看一句；读一章后，又读一章。格物须格一物，见这个物事道理。道理既多，则难底道理自然识得。

《大学》且逐章理会，先读本文念得，次将《章句》解本文，又将《或问》来参《章句》。既

---

① 陈简斋：即陈与义（1090—1139），字去非，号简斋，洛阳人，北宋末、南宋初著名诗人。

② 张巨山：即张嵲（1096—1148），字巨山，襄阳人，北宋末、南宋初诗人。

③ 按：中括号中文字，底本作"至"。此据四库本补。

④ 拽：底本作"洩"，误，据四库本改。

逐段晓得，却将来统看、温寻①过。

论读书之法。择之云："尝作课程，看②《论语》，日不得过一段。"先生云："明者可读两段或三段，如此亦可以治躁心。"

先生问："看《论语》了未？"辅广云（案："辅"字，知服斋本误作"转"）："已看一遍。"先生曰："太快！若如此看，只是理会文义，不见得他深长底意味。"

先生问胡某："《论语》读得多少？"对曰："两日只杂看《中庸》等书。"先生曰："恁地如何会长进？看此一书，且须专一书。"

读《大学》且逐段捱看，看这段时，似无得后面底。看第二段，却思量前段，令文思联属，却不防。

每日看一经外，《大学》《论》《孟》《中庸》四书，自依次序循环看，然史亦不可不看。

《论语》从"学而时习"读起，《孟子》从《梁惠王》读起，《大学》从"大学之道"读起，

---

① 温寻：即温习。
② 看：底本作"自"，误，据四库本改。

《中庸》从"天命之谓性"读起。某之法是如此。不可只择中间一二句来理会，意脉不相贯属，多歧亡羊者，不可不戒也。

又曰："承谕：'专看《论语》，浸觉滞固，因复看《易传》及《系辞》。'此愚意所未喻。夫《论语》所记，皆圣人言行之要，果能专意玩索，其味无穷，岂有滞固之理？窃恐是不曾专一，故不见其味，而反以为滞固耳。至于读《易》，亦当遵用程子之言，卦、爻、《系辞》自有先后。今亦何所迫切，而手忙脚乱，一（案："一"字，知服斋本误作"亦"）至于此邪？"

又曰："授学须小作课程，责其精熟，若只似目前大餐长啜，贪多务速，即不济事。"

答黄子耕书曰："示谕'且看《大学》，俟见大指，乃及他书'，此意甚善。但看时须是更将大段分作小段，字字句句，不可容易放过，常常暗诵默思，反覆研究。未上口时，须教上口；未通透时，须教通透；已通透后，便要纯熟。真①是不思索时，此意常在心胸之间，驱遣不去。方是此一段

----

① 真：四库本作"直"。

了，又换一段看。如此数段之后，心安理熟，觉得工夫省力时，便渐得力也。近看得朋友间病痛，多是贪多务广，匆遽涉猎，所以凡事草率粗浅。本欲多知多能，下梢一字不知，一事不能；本欲速成，反成虚度岁月。但能反此，如前所云，试用岁月之功，当自见其益矣。"

答胡季随书曰："近日学者，意思都不①确实，不曾见理会得一书一事彻头彻尾。东边绰②得几句，[西边绰得几句]③，都不曾贯穿浃洽。此是大病，有志之士，不可不深戒也。"

答王季和书曰："读书不可贪多。今当且以《大学》为先，逐段熟读精思，须令了了分明，方可改读后段。如此庶易④见功，久久浃洽通贯，则无书不可读矣。"

答郭希吕书曰："专看《大学》，首尾贯通，都无所疑，然后可读《语》《孟》。《语》《孟》又无所疑，然后可读《中庸》。今《大学》全未晓

① 不：底本作"是"，误，据四库本改。
② 绰：底本作"掉"，误，据四库本改。绰，抓取。
③ 按：中括号内文字，底本脱，据四库本补。
④ 易：四库本作"几"。

了，而便兼看《中庸》，用心丛杂，如此何由见得详细？且更耐烦专一细看为佳。日月易得（案："易得"上，知服斋本衍一"不"字），大事未明，甚可惧也。"

答刘仲则书曰："大抵读书，唯循次①渐进为可得之。如百牢、九鼎②，非可一嚼③而尽其味也。"

答邵叔义书曰："窃意必欲实为此学，亦当有以自致其力于日用之间。读书穷理，积其精诚，循序渐进，然后可得，决非一旦慨然永叹，而躐等坐驰之所能到也。"

答陈师德书曰："读书之法，要当循序而有常，致一而不懈，从容乎句读、文义之间，而体验乎操存、践履之实，然后心静理明，渐见意味。不然，则虽广求博取，日诵五车，亦奚益于学哉？故程子曰：'善学者求言，必自近始，易于近者，非知言者也。'此言殊有味，惟困于远求而无得者知之。"

答郑子上书曰："看《大学》，须先紧着精神，领略取大体规模，却便回来寻个实下手处，着紧用

---

① 次：四库本作"序"。
② 喻饮食之丰厚。
③ 嚼：音 chuài，大口吞食。

力，不可只守着此个行程节次，认作到头处也。"

答潘叔昌书曰："大抵近世儒者于圣贤之言，未尝求其义理之极致，而惟以多求剧读为功。故往往遂以吾学为容易之空言，而求所以进实功、除实病者，皆必求之于彼。殊不知将适千里而迷于所向，吾恐其进步之日远而税驾①之日赊②也。今若未能决意自拔得，且姑置其说，而专意于吾学，捐去杂博，专读一书，虚心游意，以求夫义理之所在。如此三年不得而后改图，则朋友之心无所复恨，而于其所以进功除病之实，亦未为晚。"

答廖子晦书曰："观书须从头循序而进，不以浅深难易有所取舍，自然意味详密。至于浃洽贯通，则无紧要处，所下工夫亦不落空矣。今人多是拣择难底、好底看，非惟圣贤之言不可如此间别，且是心意更不定叠③，纵然用心探索得到，亦与自家这里不相干。突兀聱牙，无田地可安顿，此病不可不知也。"

答袁机仲书曰："《易》中卦位，义理层数甚

---

① 税驾：解驾，停车，谓休息或归宿。
② 赊：遥远，渺茫。
③ 定叠：定当，安定。

多，自有次第，逐层各自一个体面，不可牵强合为一说。学者须是旋次理会，理会①上层之时，未要搅动下层。直待理会得上层都透彻了，又却轻轻揭起下层，理会将去。当时虽似迟钝，不快人意，然积累之久，层层都了却，是见得许多条理，千差万别，各有归着。岂不快哉！若不问浅深，不分前后，混成一块，合成一说，则彼此相妨，令人分疏不下，徒自纷纷，成卤莽矣。此是平生读书已试之效，不但读《易》为然也。"

答王钦之书曰："取一书，从头逐段子细理会，久之必自有疑有得。若平时泛泛，都不着实循序读书，未说义理不精，且是心绪支离，无个主宰处，与义理自不相亲，又无积累工夫参伍考照。"（案：《文集》"照"作"证"。）骤然理会一件、两件，若是小小题目，则不足留心；择其大者，又有躐等之弊，终无浃洽之功。但以《论语》为先，一日只看一二段，莫问精粗难易，只从头看将去，读而未晓则思，思而未晓则读，反覆玩味，久之必有自得。近年为朋友商量，亦多以此告之，然未见有看得彻尾

---

① 理会：底本脱，据四库本补。

者。人情喜新厌常乃如此，甚可叹。《论语》二十篇尚不耐烦看得了，况所谓死而后已者，又岂能办此长远工夫邪？

答林正卿书曰："读书之法，须从头至尾，逐句玩味。看上字时，如不知有下字；看上句时，如不知有后句。看得都通透了，又却从头看此一段，令其首尾通贯。然方其看此段时，亦不知有后段也。如此渐进，庶几心与理会，自然浃洽，非唯会得圣贤言语意脉不差，且是自己分上，身心义理日见纯熟。若只如此匆匆检阅一过，便可随意穿凿，排布硬说，则不唯错会了经意，于己分上亦有何干涉邪？"

答汪叔耕书曰："所论为学次第，足见立志之高。然杂然进之，而不由其序。譬如以枵然①之腹入酒食之肆，见其肥美大胾②、饼饵脍脯③杂然于前，遂欲左拏右攫，尽纳于口，快嚼而亟吞之，岂不撑肠挂腹，而果然一饱哉！然未尝一知其味，则不知向之所食者，果何物也？"

---

① 枵然：枵，音 xiāo。饥饿的样子。
② 胾：音 zì，切成大块的肉。
③ 饼饵脍脯：饼饵，饼类食物；脍脯，肉类食物。

答朱朋孙书曰："夫学非读书之谓，然不读书，又无以知为学之方。故读之者，贵专而不贵博（案："而"字下，知服斋本脱"不"字）。盖唯专为能知其意而得其用，徒博则反苦于杂乱浅略而无所得也。今一旦而读八书，则茫然而不得其要也，岂足怪哉？愿且致精一书，优柔厌饫，以求圣学工夫次第之实。俟其心通意解，书册之外别有实下工夫处，然后更易而少进焉，则得尺得寸虽少，而皆为吾有矣。"

读《论语》，每日只两段，熟了自然义理贯通。若不如此看，是几年也无长进。

大凡读书不要般涉，但温寻旧底不妨，不可将新底来抢。

《大学》一日只看二三段时，便有许多修改。若一向看去便少，不是少，只是看得草草。

读《论语》，且熟读"学而"一篇①，若明得一篇，其余自然易晓。

先生答程正思曰："《论语》逐章细看，每日不过两三段。先令尽通诸说异同，然后探求圣贤本意，则久之自当见效。"

---

① 篇：底本作"册"，误，据四库本改。

答宋容之书曰："文字择其尤精而最急者，且看一书。一日随力，且看一两段，候一段已晓，方换一段。一书皆毕，方换一书。先要虚心平气，熟读精思，令一字一语，皆有下落。诸家注解一一贯通，然后可以较其是非，以求圣贤立言之本意。虽已得之，亦且更如此反覆玩味，令其义理浃洽于中，沦肌浃髓，然后乃可言学耳。"

《论语》一日只看一段，大致明白底，则看两段。须是专一，自早至夜，虽不读，亦当涵泳常在胸次。如有一件事未了相似，到晚都把来商量。但一日积一段，日日如此，年岁间，自是里面通贯，道理分明。

常谓今人读书，得如汉儒亦好。汉儒各专一家，看得极子细。今人才看这一件，又欲看那一件，下梢都不曾理会得。

今人读书，看未到这里，心已在后面；才看到这里，便欲舍去了。如此，只是不求自家晓解。须是徘徊顾恋，如不欲去，方会认得。

若能沉潜专一看得文字，只此便是治心养性之法。

先生语杨道夫曰："看来用心专一，读书子细，则自然会长进，病痛自然消除。"

先生问叔器："《论语》读多少？"对曰："两日只杂看。"曰（案："看"下，知服斋本脱"曰"字）："恁地如何会长进？看此一书，且须专此一书便得。此边冷如冰，那边热如火，亦不可舍此而观彼。"

先生答林退思（案："林"字，知服斋本误作"汤"）书曰："知读书有渐，甚善！甚善！但亦须且读一书（案：知服斋本①"且"误作"具"，又下脱"读"字），先其近而易知者，字字考验，句句推详。上句了，然后及下句；前段了，然后及后段。乃能真实该遍，无所不通，使自家意思便与古圣贤意思泯然无间，不见古今彼此之隔，乃为真读书耳。"

答孙仁甫书曰："读书一事，可以为摄伏身心之助（案："可以"下，知服斋本脱"为"字），然不循序而致谨焉，则亦未有益也。今为贤者计，且当就日用间致其下学之功。读书穷理，则细立课程，耐烦着实，而勿求速解。操存持守，则随时随处省觉收敛，而毋计近功。如此积累，做得三五年工夫，庶几心意渐驯，根本粗立而有可据之地（案：知服斋本

---

① 案：知服斋本：底本阙，据文意补。

"可"字误作"所")。不然，恐终为气所使，而不得有所就也。"

答陈蓍书曰："为学乃终身事业，非可索于咄嗟、指顾之间①，但当循序讲明，着实持守，不令日用之间少有间断。如是，久久当自得之。不当计较功程，如商子本②者之营营也。"

熟读精思

先生答沈叔晦书曰："务为学而不观书，此固一偏之论。然中年精力有限，与其泛观而博取，不若熟读而精思，得尺吾尺，得寸吾寸，始为不枉用工耳。"

为学之道，更无他法，但能熟读精思，久之自有见处；尊所闻，行所知，久之自有至处。

熟读精思，既晓得，又须疑不止如此，庶几有

---

① 咄嗟、指顾之间：形容时间短暂、迅速。
② 商子本：子本，利息和本金；商子本，即从事放贷。

进。若以为止如此矣，则终不复有进也。

《论语》首章，便是读书玩理之样辙①，更无别涂。请只如此用功，不必切切论功计获也。

答林伯和书曰："讲学莫先于《语》《孟》，而读《语》《孟》者，又须逐章熟读精思。不通然后考诸先儒之说，以发明之。如二程先生说得亲切处，直须看得烂熟，与经文一般，成诵在心乃可。"

答余占之书曰："读书之法，熟读精思，此外更无别巧。"

答胡季随书曰："读书不务精熟，则久远无入头处，必为浮说所动。"

答路季章书曰："将《语》《孟》正文端坐熟读，口诵心维。虽已晓得文义，亦须逐字忖过，洗涤心肝五脏许多忿憾之气，管取后日须有进步处，不但如今日而已。"

又曰："读书须随章逐句子细研穷，方见义味。若只用粗心，但求快意，恐无以荡涤尘埃，划除鳞甲也。"

答杨至之书曰（案："书"字，知服斋本误作"言"）：

---

①　样辙：样板。

"熟读一经，子细理会，有疑则思，不通方问，庶有进处。若只如此（又案："只"误作"乃"）泛泛揭过，便容易生说。虽说得是，亦不济事，况全未有交涉①乎？"

答赵履常书曰："读书遗忘，此亦士友粗心之通患，无药可医。只有少读深思，令其意味浃洽，当稍见功耳。"（又答陈明仲亦同此。）

答廖子晦书曰："近时朋友谩说为学，然读书尚不能记得本文，讲说尚不能通得训诂。因循苟且，一暴十寒，日往月来，渐次老大，则遂漠然忘之，更无头绪可以接续，良可叹也。"

答许生书曰："夫道之体用，盈于天地之间。古先圣人既深得之，而虑后世不能以达乎此，于是立言垂教。自本至末，所以提撕诲诱于后人者，无所不备。学者正当熟读其书，精求其意，考之吾心以求其实，参之事物以验其归，则日用之间，讽诵思存，应务接物，无一事之不切于己矣。"

答张元德书曰："读书切忌贪多，惟少则易以精熟，而学问得力处正在于此。苟为不熟，不如稊

---

① 交涉：关联。

稗，非虚语也。"

读书须是将本文熟读，且嚼咀其味。若有理会不得处，然后将注解看，方是有益。

读书法：且先读数过，已得文义四五分；然后看解，又得二三分；又却读正文，又得一二分。

读书不贵多，只贵熟。

今人读书伤快，须是熟读，方得《孟子》大致分晓也。不用解，但熟读。

当时解《诗》时，且读本文四五十遍，已得六七分，却看诸人说，与我意思如何。大纲都得之，又读三四十遍，如此则理义流通，自得矣。

看《诗》须是讽咏，教浃洽骨髓方得。今都未曾看他皮毛，在某以前是看了多少诗说。今只有一本解了，不劳讨别解看，省了多少事，如何更不去熟读？

须是先将那诗来吟咏四五十遍了，方可看注。看了，又吟咏三四十遍，便意思自然融液浃洽，方有见处。

《诗》可以兴，须是反覆熟读，便书与心相入，自然有感发处。

读《易》到精熟后，颠倒说来皆合，不然则是死说耳。熟读六十四卦，则觉得《系辞》之语，直为精密，是《易》之括例。

问："性钝，读书多记不得。"曰："但须少看，熟，复子细推求义理，自有得处。"

五峰①旧见龟山，问为学之方。龟山云："且看《论语》。"五峰问："《论语》中何者为切要？"龟山不对，久之曰："熟读。"先生因谓直卿曰："如今且只得挨将去。"

读书理会义理，须是勇猛，径直理会将去。如关羽擒颜良，只知有此人，更不知有别人，直取其头而归。若使既要斫此人，又要斫那人，非唯一力不给，而其所欲得者，不可得矣。又如行路，欲往处所，却在道边闲处留滞，则所欲到处何缘达？看此一章，便须反覆读诵，逐句逐节，互相发明。如此三二十过，而曰不晓得其义者，吾不信也。

学者只是要熟，功夫纯一而已。读时熟，看时熟，玩味时熟。如《孟子》《诗》《书》，全在读时工夫。《孟子》每章说了，又自解了，盖他直要说

---

① 五峰：即胡宏（1102—1161），字仁仲，号五峰，杨时（号龟山）弟子，湖湘学派创立者。

得尽方住。其言成一大片，故后来老苏亦拖他来做文章说。须熟读之，便得其味。

先生谓陈淳曰："《大学》已是读过，《书》宜朝夕常常温存①勿忘。"

读书小作课程，大施功力。于合读得二百字，只读一百字，却于百字中，猛施工夫，理会子细，读诵教熟。如此，不会记性人自记得，无识性人亦理会得。若泛泛然贪多，只是皆无益耳。读书不可兼看未读者，却当兼看已读者。

凡人读书，若读十遍不会，则又读二十遍；又不会，则读三十遍，至五十遍，必有见处。到五十遍，暝然②不晓，便是气质不好。今人未尝读得十遍，便道不可晓。

《孟子》之书明白亲切，无甚可疑。只要日日熟读，须教他在吾肚中千百转，便自然纯熟。

读一件书，须心心念念只在这书上，令彻头彻尾，读教精熟。这说是如何，那说是如何，这说同处是如何，不同处是如何，安有不长进？而今人只

①　存：四库本作"诵"。
②　暝然：昏暗的样子。

办得（案："办"字，知服斋本误作"辨"）十日读书，下着头不与闲事，管取便别。莫说十日，只读得一日，便有功验。

读书不可记数，数足则止矣。

后生辈诵书，须是量力，不要贪多，仍须反覆熟读，时时温习，是要法耳。

《诗》且逐篇旋①读，方且旋通训诂，岂有不读而自能尽通训诂之理乎？读之多，玩之久，方能渐有感发，岂有读一二遍而便有感发之理乎？古之学《诗》者，固有待于声音之助，然今已无之，无可奈何，只得熟读而从容讽咏之耳。

答罗参议书曰："《论》《孟》《中庸》《大学》之书，不可不熟读而详味。章句之间，虽若浅近，不足用心，然圣贤之言无不造极。学之不博，则约不可守。今于六经未能遍考，而止以《论》《孟》《中庸》《大学》为务，则已未为博矣，况又从而忽略之，无乃太约乎？"

所有书于理会得底，更看过尤好。

先生云："旧年思量义理未透，直是不能睡。

---

① 旋：屡次，常常。

初看"子夏先传后倦"一章①，凡三四夜穷究，是时彻夜闻鹃声。"

读书须教首尾贯穿，若一番只草草看过，不济事。

先生问黄直卿曰："《论语》近读得如何?"曰："尚看未熟。"先生曰："这也使急不得，也不可慢。功效不可急，工夫不可慢。"

书无难易，须使许多心力，反覆去看。

问黄蓉："常读何书?"曰："读《论》《孟》。"曰："如今看一件书，须是着力至诚去看一番，将圣贤说底话一字一句都理会过。直要见圣贤语脉所在，这一句一字是如何道理，及看圣贤因何如此说。直是用力与他理会，如做冤仇相似。理会教分晓，然后将来玩味，方尽见得意思出来。若是泛滥看过，今次又见是好，明次又见是好，终是无工夫，不得力。"

凡看文字，且就本文上看。看一段，须反覆看来看去。要烂熟，方见意味快活，令人都不欲看别

---

① 按：即《论语·子张》"子夏闻之，曰：'噫!言游过矣。君子之道，孰先传焉?孰后传焉?'"一章。

段，始得。

看文字，须大段着精彩看，耸起精神，竖起筋骨，不要困，如有刀剑在后一般。就一段中，须要透，击其首则尾应，击其尾则首应，方始是。不可案册子便在，掩了册子便忘。却看注字，便忘了正文；看正文，又忘了注。须这一段透了，方看后段。

圣人言语如千花，远望都见好。须端的真见妙处，始得。须着力子细看，工夫只在子细上，别无他术。

书宜少看，要极熟。小儿读书记得，而大人多记不得者：只为小儿心专，一日授一百字则只是一百字，二百字则只是二百字；大人一日或百板，不恁精专。人多看一分之十，今且看十分之二，宽着期限，紧着课程。

读书便是学，须缓缓精思其中义理，方得。只如此做此事。

读书之法，须是用工去看。先一书许多工夫，后则无许多工夫矣。始初一书费十分工夫，后一书则费八九分，其后则费六七分，又其后则四五分矣。

范伯崇云："温故而不知新，虽能读三坟、五典、八索、九丘，足以为史而不足以为师矣。"先生答曰："此论甚佳。"

吕子约云："学原于思，不致其思绎以通之，则无自可①进；苟苦思力索，则浅迫无味。惟学焉而时复思绎，勿忘勿助，积累停蓄，浃洽涵养。杜元凯所谓'如江海之浸，膏泽之润，涣然冰释，怡然理顺，然后为得'，此即时习而说之注释也。"先生答曰："此说甚佳。"

先生答连嵩卿曰："熟看上下文，子细思索，不可草草说过。"

答杨子直书曰："一生辛苦读书（案："读"下，知服斋本脱"书"字），微细揣摩，零碎刮剔。及此暮年，略见从上圣贤所以垂世立教之意，枝枝相对，叶叶相当，无一字无下落处。"

答陈肤仲书曰："读书别无法，只要耐子细，是第一义也。"

玩味得熟，道理自然出。

先生与张敬夫曰："圣贤之言，都只忙中草率

① 可：四库本作"而"。

看过，不曾子细玩味，则见处全不精明。岂不可戒！"

答邱子野书曰："观者一见而决，玩者反覆而不能舍之辞。"

答黄子耕书曰："于经史中求简易用工处，此亦别无他巧。只是且将所已学者，反复玩味，不厌重复。久之，当自觉意味愈深远，理致愈明白耳。此外，昔所未学，亦有切于修己治人之实者，更以暇时量力探讨，使其表里精粗通贯浃洽，则于本原之地亦将打成一片，无处不得力矣。"

答宋深之书曰："读书要须辨得精粗得失，乃于己分有益。若但泛然看过，即枉费工力矣。"

先生语王过曰："为学须要专一用工，不可杂乱。"因举异教数语云："用志不分，乃凝于神。置之一处，无事不办。"（案："办"字，知服斋本误作"辨"。）

读书不精深，只是不专一。

卷　四

虚心涵泳

　　读书且须玩味，不必立说，且理会古人说，教通透。

　　问：“读《易》未能浃洽。”曰：“须是此心虚明宁静，自然道理流通，方包罗得许多义理。”

　　看文字须是虚心，则见道理明。

　　读书而不能尽见其理，只是心粗意广。凡解释文义，须是虚心玩索。圣人言语，义理该贯，如丝发相通。若只恁大纲看过，何缘见精微出来？所以失圣人之意。

示及门疑问，且当如此涵泳，甚善。致知工夫，亦只①是且据所已知者，玩索、推广将去。具于心者，本自无不足也。

虚心静虑，密切玩味。久之，须自见得更有精微处，不但如此而已。

今欲观《诗》，不若且置《小序》②及旧说，只将元诗虚心徐徐玩味。候仿佛见个诗人本意，却从此推寻将去，方有感发。如人拾得一个无题目诗，再三熟看，亦须辨得出来。若被旧说一局局定，便看不出。今虽道不用旧说，终被他先入在内，不期依旧从他去。某向作《诗》解文字，初用《小序》，至解不行处，亦曲为之说。后来觉得不安，第二次解者，虽存《小序》，间为辨破，然终是不见诗人本意。后来方知只尽去《小序》，便自可通。于是尽涤荡旧说，诗意方活。

戴明伯请教。先生曰："且将一件书读，圣人

---

① 只：底本作"足"，误，据四库本改。
② 《小序》：即《毛诗序》之《小序》。按：《毛诗序》分为《大序》和《小序》，《大序》为《关雎》题解之后作者所作的关于整个《诗经》的总序言，《小序》是《诗经》中每一篇的序言。

之言即圣人之心，圣人之心即天下之理。且逐段看，令分晓。一段分晓，又看一段，如此至一二十段，亦未解便见个道理。但如此心平气定，不东驰西骛，则道理自逐旋分明，去得自家心上一病，便是一个道理明也。道理固是自家本有，但如今隔一段了，须逐旋揩磨，呼唤得归。然无一唤便见之理，不若且虚心读书。读书切不可自谓理会得了，便理会得，且只做理会不得。某见说不会底，便有长进。不长进者，多是自谓已理会得了底。如此，则非特终身不长进，便假如释氏三生十六劫，也终理会不得。"

学者观书，且就本文上看取正意，不须立说，别生枝蔓。惟能认得圣人句中之意，乃善。

看书不由直路，只管枝蔓，便于本意不亲切。

大底义理，须是且虚心随他本文正意看。

凡看文字，且就本文上看。看一段，须反覆看来看去，要烂熟，方见意味快活，令人都不欲看外段，始得。（案：此段重出。）

圣贤说出来底言语，自有语脉，安顿得各有所在，岂似后人胡乱说了也？须玩索其旨，所以学不可不讲。

观《诗》之法，且虚心寻绎之，不要被旧说粘定，看得不活。伊川解《诗》，亦说得义理多了。《诗》本只是恁地说话，一章言了，次章又从而叹咏之。虽则无义，而意味深长，不可于名物上寻义理。后人往往见其言只如此平淡，只管添上义理，却窒塞了他。如一源清水，只管将物事堆积在上，便壅隘①了。

学者观书，病在只要向前，不肯退步看。愈向前，愈看不得分晓，不若退步，却看得审②。大概病在执着，不肯放下。今学者有二种病：一是主私意，一是旧有先入之说。虽欲摆脱，亦被他自来相寻。

穷理以虚心静虑为本。

看文字，不可终日思量，硬将心去驰逐。亦须空闲少顷，养精神又来看。

先生答张敬夫书曰："圣贤之言，平铺放着，自有无穷之味。于此从容潜玩，默识而心通焉，则学之根本于是乎立，而其用可得而推矣。患在立说

---

① 壅隘：堵塞不通。
② 审：详尽，仔细。

贵于新奇，推类欲其广博，是以反失圣言平淡之真味，而徒为学者口耳之末习。"

先生答汪尚书书曰："近世言道学者，失于太高，读书、讲义率常以径易超绝不历阶梯为快。而于其间曲折精微，正好玩索处，例皆忽略，厌弃以为卑近、琐屑，不足留情。以故虽或多闻博识之士，其于天下之义理，亦不能无所未尽。曷若循下学上达之序，口讲心思，躬行力究。宁烦毋略，宁下毋高，宁浅毋深，宁拙毋巧，从容潜玩，存久渐明，众理洞然，次第无隐。然后知夫大中至正之极，天理人事之全，无不在是。初无迥然超绝不可及者，而几微之间，毫厘毕察；酬酢之际，体用浑然。虽或使之任至重而处所难，亦沛然行其所无事而已。"

又曰："反覆玩味，而有以自得之，则心广理明，意味自别。"

先生答吕伯恭书曰："学者凡圣贤一言，皆当潜心玩索，要识得他底蕴。自家分上一一要用，岂可不存留在胸次？明道"玩物丧志"之说，盖是箴上蔡记诵博识而不理会道理之病。渠得此语，遂一向扫荡，直要得胸中旷然无一毫所能，则可谓矫枉过其正矣。"

与袁机仲书曰："须虚心逊志，以求其通晓。未可好高立异，以轻索其瑕疵。"

答范文叔书曰："往年经无定说（案："经"字，知服斋本误作"轻"），故读书不能无疑。近来众说尽出，讲者亦多自是，无所致疑。但要反覆玩味，认得圣贤本意，道义实体不外此心，便自有受用处耳。尹和靖①门人赞其师曰：'丕哉②圣谟③，六经之编；耳顺心得，如诵己言。'要当至此地位，始是读书人耳。"

答游诚之书曰："读书玩理，但严立功程，宽着心思，久之自当有味。不可求欲速之功也。"

答柯国材书曰："大概读书，且因先儒之说，通其文义而玩味之，使之浃洽于心，自见意味可也。如旧说不通，而偶自见得别有意思，则亦不妨。但必欲于传注之外，别求所谓自得者而务立新说，则于先儒之说或未能充而遽舍之矣。如此，则

---

① 尹和靖：即尹焞（1071—1142），字彦明，一字德充，号和靖，洛阳人，程颐弟子。

② 丕哉：大哉。

③ 圣谟：圣人治天下的宏图大略。

用心愈劳而去道愈远，恐骎骎然①失天理之正，而陷于人欲之私，非学问之本意也。"

答许顺之书曰："大抵文义，先儒尽之。盖古今人情不相远，文字言语只是如此。但有所自得之人，看得这意味不同耳，其说非能顿异于众也。不可只管立说求奇，恐失正理，却与流俗诡异之学无异。只据他文理，反覆玩味，久之自明，且是胸中开泰，无许多劳攘。此一事已快活了。试依此加功（案："试"字，知服斋本误作"诚"），如何？"

又曰："读书大抵只就事上理会，看他语意如何。不必过为深昧之说，却失圣贤本意，自家用心亦不得其正，陷于支离怪癖之域，所害不细，切宜戒之。只就平易悫实②处理会也。"

又曰："向平易着实处子细玩索，须于无味中得味，乃知有余味之味耳。"

答王近思书曰："于古昔圣贤之言逐一反覆，子细玩味，勿遽立说，以求近功，则久之自有贯通处，而胸次了然无疑矣。"

───────────

　① 骎骎然：骎，音 qīn。迅疾的样子。
　② 悫实：悫，音 què。诚实，朴实。

又曰："于先达所言，择取其精要者一说，反覆玩味，久而不忘，当自有心解处。不可妄以为私意穿凿，恐失之浸远①，难收拾故也。"

答魏元履书曰："《论语》中看得有味，余经亦迎刃而解。圣人之言，平易中有精深处，不可穿凿求速成，又不可苟且闲看过。直须是置心平淡、悫实之地，玩味探索，而虚恬省事以养之，迟久不懈，当自觉其益。切不可以轻易急迫之心，求旦暮之功；又不可因循媮②惰，虚度光阴也。"

又曰："寻常读书，只为胸中偶有所见，不能默契，故不得已而形之于口；恐其遗忘，故不得已而笔之于书。若读书而先有立说之心，则此一念已外驰矣，若何而有味邪？"

答程允夫书曰："读书剖析精微，玩味久熟，则众说之异同自不能眩，而反为吾磨砺之资矣。"

答陈明仲书曰："读书当择先儒旧说之当于理者，反覆玩味，朝夕涵泳，使与本经正言之意通贯浃洽于胸中，然后有益。不必段段立说，徒为观

① 浸远：渐远。
② 媮：同"偷"。

美，而实未必深有得于心也。"

答胡广仲书曰："平心易气，熟玩而徐思之，自当见得义理明白稳当处。不必强说，枉费心力也。"

答江德功书曰："虚心平气，徐读而审思，乃见圣贤本意。而在己亦有着实用处，不必费力生说，徒失本指，而无所用也。"

又曰："圣贤之言，意旨深远，子细反覆，十年二十年，尚未见到一二分，岂可拨冗看得一过，便敢遽然立论？似此，恐不但解释文义有所差错，且是气象轻浅，直与道理不相似。愿且放下此意思，将圣贤言语反覆玩味，直是有不通处，方可权立疑义，与朋友商量，庶几稍存沉浸、酝郁气象，所系实不轻也。"

答严居厚书曰："虚心平气，反覆讽诵，久当有味。今以迫切之心求之，正犹治丝而棼之。虽欲强为之说，终非吾心所安，穿凿支离，愈叛于道矣。"

答刘叔文书曰："大凡看书，须认得分明，又兼始终，方是不错。若未会得，且虚心平看，未要硬便主张。久之自有见处，不费许多闲说话。"

答黄仁卿书曰："看书须随事观理，反覆涵泳，令胸次开阔，义理通贯，方有意味。若使一向如此排定说杀，正使在彼分上断得十分的当，却于自己分上都不见得个从容活络受用，则亦何益于事邪？大抵不论看书与日用工夫，皆要放开心胸，令其平易广阔，方可徐徐旋看道理，浸灌培养。切忌合下便立己意，把捉得太紧了，即气象促迫，田地狭隘，无处着工夫也。此非独是读书法，亦是变化气质底道理。"

答黄直卿书曰："为学直是先要立本文义，却且与说出正意，令其宽心玩味。未可便令考校同异，研究纤悉，恐其意思促迫，难得长进。将来见得大意，略举一二节目，渐次理会，盖未晚也。"

又曰："人之学所以不进，只缘从初无入处，不见其有可嗜之味。而所以无入处，又只是不肯虚心逊志，耐烦理会，更无他病也。"

答吕子约书曰："读古人书，直是要虚着心，大着肚，高着眼，方有少分相应。若左遮右拦，前拖后拽，随语生解，节上生枝，则更读万卷书，亦无用处也。"

又曰："虚心看圣贤所说言语，未要将自家许多道理、见识与之争衡，退步久之，却须自有个融会处。盖自家道理、见识未必不是，只是觉得太多了，却似都不容他古人开口，不觉蹉过了他说底道理耳。"

又曰："大凡读书，须是虚心以求本文之意为先。若不得本文之意，则是任意穿凿。"

又曰："取子思、孟子之言，虚心平看，且勿遽增他说。只以训诂字义，随句略解，然后反求诸心，以验其本体之实为如何，则其是非可以立判。"

（案："判"字，知服斋本误作"制"。）

又曰："读书穷理，须认正意。切忌缘文生义，附会穿穴，只好做时文，不是讲学。"

又曰："胸中先有旧说，为所牵制，不得虚平，故尔滞碍，枉费心力。可且将旧说权行①倚阁②，而只将本文反覆玩味。久之，自然渐虚渐平，则于此无疑矣。"

又曰："放下许多道理，平心看他文义向甚处去，都不要将道理向前牵拽他，待他文义有归着去

---

① 权行：审时度势，变通而行。
② 倚阁：搁置，暂停。

处，稳帖①分明后，却有个自然底道理出，不容毫
发有所增损、抑扬。此处正好玩味，大抵先要虚
心耳。"

又曰："前贤语言宽广，不若今人急迫。今人
见得些道理，便要镌凿开却，正是心量小，不耐
烦耳。"

答潘文叔书曰："大抵读书，只合平心说理，
不必过求，却失正意也。"

答潘恭叔书曰："近日学者之病，苦其说之太
高与太多耳。如此只见意绪丛杂，都无玩味工夫，
不惟失却圣贤本意，亦分却日用实功，不可不戒！"

答刘公度书曰："此事别无奇妙，只是见成说
底，便是道理。只要虚心熟玩，久之自然见得实
处，自是不容离叛，便是到头。若更欲别求见解，
即是邪说，鲜不流于异端矣。"

答刘仲升书曰："大抵学问，平日不曾子细玩
索义理，不识文字血脉，别无证佐考验。但据一时
自己偏见，便自主张，以为只有此理，更无别法，
只有自己，更无他人。只有刚猛剖决，更无温厚和

---

① 稳帖：稳当妥帖。

平，一向自以为是，更不听人说话。此固未论其所说之是非，而其粗厉激发，已全不似圣贤气象矣。"

答刘季章书曰："为学若不宽着心胸，细玩义理，便要纽捏①造作，务为切己，所以心意急迫而义未大明，空自苦而无所得也。"

又曰："意思急迫不宽平，务高不务切，而不肯平心实看道理。只此意思，亦殊碍人所见也。"

又曰："读书且要虚心平气，随他文义体察。不可先立己意，作势硬说，只成杜撰，不见圣贤本意也。"

又曰："读书只随书文训释、玩味，意自深长。今人都是背却经文，横生他说，所以枉费工夫，不见长进。又当以草略②、苟且为戒。所谓随看便起是非之心，此最说着读书之病。盖理无不具，一事必有两途，今才见彼说昼，自家便寻夜底道理。反之，各说一边，互相逃闪③，更无了期。今人问难，往往类此，甚可笑也。"

又曰："江西人尚气，不肯随人后。凡事要自

---

① 纽捏：编凑，捏造。
② 草略：粗糙疏略。
③ 逃闪：犹逃匿、躲闪。

我出，自由自在，故不耐烦如此逐些^①细会，须要立个高论，笼罩将去。譬如读书，不肯从上至下，逐字读去，只要从东至西，一抹横说。乍看虽似新巧，压得人过，然横拗粗疏，不成义理，全然不是圣贤当来本说之意，则于己分究竟成得何事？只将排比章句、玩索文理底工夫，换却许多杜撰、计较，别寻路脉底心力。须是实有用力处，久之心地自然平夷，见理明彻，庶几此学有传，不至虚负平生也。"

答胡季随书曰："所示诸说，似于《中庸》本文不曾虚心反覆详玩。章句之所绝，文义之所指，尚多未了，而便欲任意立说，辗转相高，故其说支蔓缠绕，了无归宿。莫若且就本文细看，觉得章断句绝，文理分明，即圣人指意所在，与今日用力之方，不待如此纷挐^②辨说，而思已过半矣。"

答沈晦叔书曰："虚心熟读，看得本意分明，却取诸说之通者错综于其间，方为尽善。若合下便杂诸说混看，则下梢只得周旋人情，不成理会道理

---

① 逐些：逐步、逐个。
② 纷挐：挐，音 ná。混乱貌，错杂貌。

矣。横渠先生言：'观书有疑，当濯去旧见，以来新意。'此法最妙。"

答项平父书曰："大抵既为圣贤之学，须读书①。读书②，须看他所说本文上下意义，字字融释无窒碍处，方是会得圣贤立言指趣，识得如今为学工夫，固非可以悬空白撰而得之也。"

又曰："明敏太过，不能深潜密察，反覆玩味，只略一线路可通，便谓理只如此。所以为人所惑，虚度光阴也。"

答王季和书曰："道之在人，初非外铄，而圣贤垂训，又皆恳切明白。但能虚心深味其旨，而反之于身，必有以信其在我，而不容自已，则下学上达，自当有所至矣。"

答黄冕仲书曰："读书且就分明处看觑、涵泳，不必过为考索，久之浃洽，自然通透也。"

答李守约书曰："读书之法无他，惟是笃志虚心，反覆详说，为有功耳。近见学者多是率然穿凿，便为定论，或即信所传闻，不复稽考。所以日

---

① 书：四库本作"圣贤之书"。
② 读书：四库本作"既读圣贤之书"。

诵圣贤之书，而不识圣贤之意。其所诵说，自是据自家见识撰成耳。如此，岂复能有长进？"

答赵子钦书曰："近世学者不能虚心退步，徐观圣贤之言以求其意，而直以己意强寘①其中。所以不免穿凿、破碎之弊，使圣贤之言不得自在，而常为吾说之所使，以至劫持、缚束而左右之，其或伤于形体而不恤②也。如此，则自我作经可矣，何必曲躬俯首而读古人之书哉？"

又曰："大抵读书，须见得有晓不得处，方是长进。又更就此，阙其所疑而反覆其余，则庶几得圣人之意，识事理之真，而其不可晓者，不足为病矣。"

又曰："近日学者，例有好高务广之病，将圣人言语不肯就当下着实处看，须要说教玄妙深远，添得支离蔓衍，未论于己无益，且是令人③厌听。若道理只是如此，前贤岂不会说？何故却只如此平淡简短，都无一种似此大惊小怪底浮说？盖是看得分明，思得烂熟，只有此话，别无可说耳。今学者只当虚心玩味，各随本文之意而体会之，其不同处

---

① 寘：音 zhì，放置。
② 不恤：不顾。
③ 人：底本脱，据四库本补。

自不相妨，不可遽以己意横作主张，必欲挽而同之，以长私意、增衍说，终日驰骛于虚词浮辨之间，而于存养省察日用之功，反有所损而无益也。"

答徐居厚书曰："平心和气，却是吾人学问根本。不必大段着力记当，损人心力，使人血气不舒，易生疾病。况古人之学自有正当用力处，此等只是随力随分，开广规模。若专恃此，亦成何等学问邪？"

答傅子渊书曰："贤者勇于进道，而果于自信，未尝虚心以观圣贤师友之言（案：知服斋本"师"下落"友"字），而一取决于胸臆气象，言语只是禅家张皇①、斗怒②，殊无宽平正大、沉浸酝郁之意。荆州所谓有'拈槌竖拂③'意思者，可谓一言尽之。"

答潘文叔书曰："读书亦无他说，只是虚心平气，阙其所疑，随力量看教浃洽，便自有得力处。不须预为计较，必求赫赫之近功也。"

答蔡季通书曰："大抵思索义理，到纷乱窒塞处，须一切扫去，放教胸中空荡荡地，却举起一

---

① 张皇：夸张，炫耀。
② 斗怒：争吵，争斗。
③ 拈槌竖拂：提起棒槌，竖起拂子，是禅家常用来示机、应机的动作，泛指禅机施设。

看，便自觉得有下落处。"

答程允夫书曰："吾弟明敏，看文字不费力，见得道理容易分明，但似少却玩味工夫，故此道理虽看得似分明，却与自家身上无干涉。所以滋味不长久，才过了便休，反不如迟钝之人，多费工夫方看得出者，意思却久远。此是本原上一大病，非一词一义之失也。"

答陆子寿书曰："大凡读书，当烦乱疑惑之际，正当虚心博采，以求至当。或未有得，亦当且以阙疑阙殆之意处之。若遽以己所粗通之一说，而尽废己所未有之众论，则非惟所处之得失或未可知，而此心之量亦不宏矣。"

答林正卿书曰："大率朋友看文字，多有浅迫之病，浅则于其文义多所不尽，迫故于其文理亦或不暇周悉。兼义理精微，纵横错综，各有意脉，今人多是见得一边，便就此执定，尽废他说。此乃古人所谓执德不宏者，非但读书为然也。"

答汪叔耕书曰："夫道在目前，初无隐蔽，而众人沉溺、胶扰①不自知觉。是以圣人因其所见道

---

① 胶扰：扰乱，搅扰。

体之实，发之言语文字之间，以开悟天下与来世。其言丁宁反覆，明白切至，唯恐人之不解了也。岂有故为不尽之言，以愚学者之耳目，必俟其单传密付而后可以得之哉？但患学者未尝虚心静虑、优柔①反覆，而妄以己意轻为之说，是以不知其味，而妄意乎言外之所传耳。"

答陈才卿书曰："大凡读书，须且虚心参验，久当自见，切忌便作见解、主张也。"

答张元德书曰："大抵读书，须是虚心静虑，依傍文义，根寻句脉，看定此句指意是说何事，略用今人言语衬贴②，替换一两字，说得古人意思出来，先教自家心里分明历落，如与古人对面说话，彼③此对答无一言一字不相肯可，此外都无闲杂说话，方是得个入处。怕见如此弃却本文，肆为浮说，说得郎当④，都忘了从初因甚话头说得到此，此最学者之大病也。"

---

① 优柔：宽舒，从容。
② 衬贴：衬托，配衬。
③ 彼：底本作"後"，误，据四库本改。
④ 郎当：疲软无力貌。又，"郎"，底本作"即"，因形近而误，据四库本改。

答王晋辅书曰："为学大概，且将圣贤之言从头逐字训释，逐句精详，逐段反覆，虚心量力。且要晓得句下文意，未可便肆己见，妄起浮论也。"

答杜贯道书曰："读书课程甚善，但思虑亦不可过苦，但虚心游意，时时玩索，久之当自见缝罅意味也。"

答李晦叔书曰："大抵读书，当择先儒之旧说当于理者，反覆玩味，朝夕涵泳，使与本经之言之意通贯、浃洽于胸中，然后有益。不必段段立说，徒为观美而实未有得于心也。"

答孙敬父书曰："前贤读书穷理，非不精诣，而于平常文义，却有牵强费力处。此当①是心有未虚，气有未平，而欲速之意胜也，可不戒哉！"

答或人书曰："大抵读书，且是虚心考其文词指意所归，然后可以要其义理之所在。近见学者多是先立己见，不问经文向背之势，而横以义理加之其说，虽不背理，然非经文本意。如此，则但据己见自为一书，何必读古圣贤之书哉？所以读书政恐吾之所见未必是，而求正于彼耳。惟其阙文断简、

----

① 当：四库本作"犹"。

名器物色有不可考者，则无可奈何，其他在义理中可推而得者，切须字字句句反覆精详，不可草草说过也。"

与或人书曰："降心逊志，且就读书、讲学上子细用功，久之自有见处。义理细密，直是使粗心看不得，乍看极是繁碎，久之纯熟贯通，则纲举目张，有自然省力处。"

先生跋林汝器《论语说》曰："《论》《孟》，圣贤之书，本自平易，又有诸先生相为发明，义理昭著，如日星然。学者体味于心，念念不已，自然血脉通贯，无所底滞，然后可言有益于吾身。不然，涉猎强记，无沉浸酴郁之功，则其所资亦浅焉耳。"

论文义且只据所读本文，逐句逐字理会，教分明，不须旁引外说，枝蔓游衍，反为无益。如论"浩然之气"，便须直看公孙丑所问意思如何，孟子所说如何，一径理去，使当时问答之意一一明白了，然后却更理会四旁余意未晓处。今孟子之意未能晓得，又却转从别处去，末梢都只恁休去也。

答苏晋叟书曰："读书且当随文熟看，俟其词旨晓析贯通，然后自有发明，未可遽舍本文，别立议论，徒长虚见，无益于实也。"

答曾景建书曰："读书须量力少看而熟复之，只依文义寻个明白去处，自然有味，不在极力苦思，转求转远也。"

答胡季随书曰："讲论文字，须且屏去私心，然后可以详考文义，以求其理之所在。若不如此，而只欲以言语取胜，则虽累千万言，终身竞辨，亦无由有归着矣。"

答陆梭山书曰："熹之愚陋，窃愿尊兄更于二家之言少赐反覆，宽心游意，必使于其所说，如出于吾之所为者，而无纤芥之疑。然后可以发言立论，而断其可否，则其为辨也不烦，而理之所在无不得矣。若一以急迫之意求之，则于察理已不得精，而于彼之情又不详尽，则徒为纷纷，而虽欲不差，不可得矣。"

答陆象山书曰："某记顷年尝有平心之说，而前书见喻曰：'甲与乙辩，方各自是其说，甲则曰愿乙平心也，乙亦曰愿甲平心也。平心之说甚难明白，不若据事论理可也。'此言美矣，然某所谓平心者，非直使甲操乙之见、乙守甲之说也，亦非谓都不论事之是非也。但欲两家姑暂置其是己非彼之意，然后可以据事论理，而终得其是非之实。如欲治疑狱者，当公其心，非谓便可改曲者为直、直者为曲也，亦非谓都不问其曲直也。但不可先以己意之向背为主，然后可以审听两造之辞，旁求参伍之验，而终得其曲直之当耳。今以粗浅之心，挟忿悁之气，不肯暂置其是己非彼之私，而欲评义理之得失，则虽有判然如黑白之易见者，犹恐未免于误。况其差有在于毫厘之间者，又将谁使折其衷，而能不谬也哉！"

答吕子约书曰："教①学之功，交相为助，政自不恶，但所论颇觉支蔓，恐皆是道理太多，随语生解。要须涤除，令胸中虚明直截，然后真个道理方始流行，不至似此支蔓劳攘，徒为心害，有损无益也。"

又曰："讲论不子细看，先横着一个人我之见在胸中。于己说则只寻是处，虽不是，亦瞒过了；于人说则只寻不是处，吹毛求疵，多方驳难。如此，则只长得私见，岂有长进之理？"

答林叔和书曰："尝观当世儒先讲学，初非甚

---

① 教：音 xiào，教导。

异，止缘自是太过，而谓他人所论一无可取，遂致各立门庭，互相非毁，使学者观听惶惑，不知所从。窃意莫若平视彼己，公听并观，兼取众长，以为己善。择其切于己者，先次用力，而于其所未及者，姑置而两存之。俟所用力，果有一入头处，然后以次推究，纤悉尽详，不使或有一事之遗，然后可谓善学。不可遽是此而非彼，入主而出奴也。"

答柯国材书曰："大抵讲学，只要理会义理。义理非人所能为，乃天理也。天理自然，各有定体。以为深远而抑之使近者，非也；以为浅近而凿之使深者，亦非也。学者患在不明此理而取决于心，夫心何常之有？好高者已过高矣，而犹患其卑；滞于近者太近矣，而犹恐其远。此道之不明不行，而学者所以各自为方，而不能相通也。"

答丁宾臣书曰："夫道在生人①日用之间，而著于圣贤方册之内。固非先知先觉者所独得，而后来者无所与也；又非先知先觉者所能专，而后来者不得闻也。患在学者不能虚心循序，妄意躐等，自谓有见。讲论之际，又不过欲人之知己而不求其

---

① 生人：犹人民、民众。

益，欲人之同己而不求其正。一有不合，则遂发愤①、肆骂②而无所不至，此所以求之愈迫而愈不近也。"

答吕子约书曰："所云未发不可比纯《坤》，而当为太极。此却不是小失，不敢随例③放过，且试奉扣：若以未发为太极，则已发无太极邪？若谓纯《坤》不得为未发，则宜以何卦为未发邪？窃恐更宜静坐，放教心胸虚明净洁，却将太极图及十二卦安排顿放，令有去着，方可下语。此张子所谓'濯去旧见，以来新意'者也。"

切己体察

《大学》一书，如行程，识得行程，便须行始得。若只读得空壳子，亦无益也。

先生尝举程子读《论》《孟》切己之说：且如

---

① 发愤：发泄愤懑。
② 肆骂：肆口谩骂。
③ 随例：按照惯例。

"学而时习之"，切己看，当时曾时习否？句句如此求之，则有益矣。

切己工夫，要得不差，先须辨义理所在。

为学须是己分上做工夫，有本领，方不作言语说。若无存养，尽说得明，自成两片，亦不济事，况未必说得明乎！要须发愤忘食，痛切去做身分上工夫，莫荏苒岁月，可惜也。

王子充问："读书未见得切，见之事方切。"先生曰："不然。《论语》第一教人学，便是孝弟、求仁，便戒人巧言令色，便是三省，可谓甚切。学须做自家底看，便见切己。今人读书只要科举用，已第则为杂文用，其高者则为古文用，皆做外面看。"

先生语周谟曰："凡读《易》，而能句句体验，每存兢栗①、戒慎之意，则于己为有益，不然亦空言耳。"

又曰："舜弼②讲论多是不切己，而止于文字上捏合，所以无意味，不得力。须更就此斡转，方

① 兢栗：战栗，恐惧。
② 舜弼：即上文周谟（1141—1202），字舜弼，朱熹门人。

有实地工夫也。"

又曰："读书则实究其理，行己则实践其迹，念念乡①前，不轻自恕，则在我虽甚孤高，然与他人元无干预，亦何必私忧过计，而陷于同流合污之地乎？"

识得圣人言语，便晓得天下道理；晓得道理，便能切己用功。

看文字，须是切己，则自体认得出。今人讲明制度、名器，皆是当然，非不是学，但是于自己身上大处却不曾会，何贵于学？

先生书谓林充之曰："近读何书？恐更当于日用之间，深加省察，而去其害此者为佳。不然诵说虽精，而不践其实，君子盖深耻之。"

答欧阳庆似书曰："今之学者不知古人为己之意，不以读书治己为先，而急于闻道，是以文胜其质，言浮于行，而终不知所底止。"

答董叔仲书曰："读书先看大指，却就诸说一一就自己分上体当出来，庶几得力耳。"

答黄子耕书曰："日用之间，更看自己分内许

---

① 乡：通"向"。

多道理，甚底是欠阙处。随处操存，随处玩索，不妨自有余乐，何至于焦躁邪？"

答刘仲升书曰："所喻玩味见成义理，甚善。然亦须就自己分上体当，方见真实意味也。"

答曾泰之书曰："疑义且当阙之，却于分明易晓、切于日用治心修己处，深自省察。有不合处，却痛加矫革。如此，方是为己工夫。不可只于文字语言上着力也。"

答方宾王书曰："《大学》之本末始终，无非己事，但须实进得一等，方有立脚处，做得后段工夫，真有效验耳。非谓前段工夫未到，即都不照管后段，而听其自尔也。"

答俞寿翁书曰："捐去浮华，还就自己分上切近着实处用功，庶几自有欲罢不能、积累贯通之效。若未得下手处，恐未免于臆度、虚谈之弊也。"

答李伯谏书曰："学者之病，在于为人而不为己。若实有为己之心，但于此显然处严立规程，力加持守，日就月将，不令退转，则便是孟子所谓深造以道者。盖其所谓深者，乃工夫积累之深；而所谓道者，则不外乎日用显然之事。及其真积力久，内外如一，则心性之妙无不存，而气质之偏无不化，所谓自得之而居安资深也。岂离外而内，恶浅而深，舍学问思辨力行之实，而别有从事心性之妙哉？"

答詹体仁书曰："为学是分内事，才见高自标致，便是不务实了，更说甚底？今日正当反躬下学，读书则以谨训说为先，修身则以循规矩为要，除却许多悬空闲说，庶几平稳耳。"

答胡平一书曰："日用切己之功，圣贤之言详矣。其在《大学》《论》《孟》《中庸》者，文义分明，指意平实，读之晓然。如见父兄说门内事，无片言半词之可疑者，什八九也。"

先生跋胡澹庵《论语说》序曰："通经之士固当终身践言，乃为不负所学。斯言之要，所以警乎学者，可谓至深切矣。然士之必欲通经，正为讲明圣贤之训，以为终身践履之资耳，非直以分章析句为通经，然后乃求践言以实之也。"（案：知服斋本"也"下，衍"读"字。）

先生跋洪刍《靖节祠记》后（案："祠"字，知服斋本误作"词"）曰："读洪刍所撰《靖节祠记》，其于君臣大义，不可谓懵然无所知。而靖康之祸，刍乃纵欲忘君，所谓悖逆秽恶，有不可言者。送学榜示讲堂一日，使诸生知学之道，非知之难，而行之艰也。"

开卷便有与圣贤不相似处，岂可不自鞭策？

先生答林伯和书曰："大抵见善必为，闻恶必去，不使有顷刻悠悠意态，则为学之本立矣。异时渐有余力，然后以次渐读诸书，旁通当世之务，盖亦未晚。若不务此，而但欲为依本分无过恶，人则不惟无以自进于日新，正恐无本可据，亦未必果能依本分无过恶也。"

先生曰："某之讲学，所以异于科举之文，正是要切己行之。若只恁地说过，依旧不济事。若实是把做工夫，只是'敬以直内，义以方外'八字，一生用之不尽。"又曰："某近觉得学者所以不成个头项①者，只缘圣贤说得多了，既欲为此，又欲为彼。如说'敬以直内，义以方外'，若实下工夫，见得真个是敬立则内直，义形而外方，这终身可以受用。今人却似见得这两句好，又见说'克己复礼'也好，又见说'出门如见大宾'也好，空多了，少间却不把捉得一项周全。"（李贯之曰："敬能集义，

————

① 头项：纲领，主脑。

义不离敬，敬不容不义，义不容不敬，敬义夹持则心常存，心存则心熟而智益明。'敬义'二字该尽六经、《语》《孟》所言之理。"）

先生答蔡季通书曰："文字之外，要当有用心处，乃为究耳。"（论看《二程语录》而及此。）

着紧用力

凡事不可着个"且①"字，其病甚多。

或言："在家衮衮②，但不敢忘书册，亦觉未免间断。"先生曰："只是无志，若说家事，又如何汩没得自家？公今三五年不相见，又只恁地悠悠，人生有几个三五年邪？"

孔门答问，曾子闻得底话，颜子未必与闻；颜子闻得底话，子贡未必与闻。今却合在《论语》一书，后世学者岂不幸事，但患自家不去用心。

人若办得十年来，世间甚书读不了。

横渠教人道："夜间自不合睡，只为无可应接，

---

① 且：姑且，差不多。
② 衮衮：纷繁众多貌，指家事繁杂。

他人皆睡了，已不得不睡。"他做《正蒙》时，或夜里默坐彻晓，他直是恁地勇，方做得。

读书须要耐烦，努力翻了巢穴。譬如煎药，初煎时须着猛火，待滚了，却退着，以慢火养之，读书亦如此。

须磨厉精神去理会天下事，非燕安暇豫①之可得。

诸友只有个学之意，都散漫，不恁地勇猛，恐虚度了日子。须着火急，痛切意思，严了期限，趱了工夫，办个月日气力，去攻破一过，便就里面旋旋涵养。如攻寨，须出万死一生之计，攻破了关限②始得。而今都打寨未破，只循寨外走，道理都咬不断，何时得透？

古人谓心坚石穿，盖未尝有做不得底事。如公几年读书不长进时，皆缘自恁地搭滞③了。

今学者不见有奋发底意思，只是如此悠悠地过，今日见他 [如此，明日见他]④ 亦是如此。

---

① 燕安暇豫：燕安，安适满足；暇豫，悠闲逸乐。
② 关限：关隘险阻。
③ 搭滞：停滞。
④ 按：中括号内文字，底本脱，据四库本补。

某今见得这物事了，觉得与人学射剧相似，旧时未理会得是，下多少工夫！而今学者却恁地泛泛然，都没紧要，不把当事，只是谩学。理会得时也好，理会不得时也不妨，恁地如何得？须是如射箭相似，把着弓，须是射得中，方①得。

答陈肤仲书曰："近觉朋友读书多是苟简，未曾晓会得，便只如此打过。何况更要他将已晓会得处反覆玩味，言外别见新意，决是有所不能矣。以此理会文字，只是备礼，无一字做得到底，悠悠泛泛，半明半暗，都不成次第，如何得有一个半个，发愤忘食，索性理会，教十分透彻，少慰衰朽之望乎！"

答刘季章书曰："懒惰一病，无药可医。人之所以懒惰，只缘见道理不透，所以一向提掇不起。若见得道理分明，自住不得②，岂容更有懒惰时节邪？"

答胡季随书曰："吕伯恭尝谓：'道理无穷，学者先要不得有自足之心。'此至论也。"

---

① 方：底本脱，据四库本补。
② 住不得：停息不得。

答李守约书曰："直须痛自循省，勇猛奋发，方有下工夫处。若只如此悠悠，恐无入德之期也。"

答陈超宗书曰："为学虽有阶渐，然合下立志，亦须略见义理大概规模，于自己方寸间，若有个惕然愧惧、奋然勇决之意，然后可以加讨论玩索之功、存养省察之力，而期于有得。夫子所谓志学、所谓发愤，正为此也。若但悠悠泛泛，无个发端下手处，而便谓可以如此平做将去，则恐所谓庄敬持养、必有事焉者，亦且若存若亡，徒劳把捉，而无精明的确、亲切至到之效也。"

答郭希吕书曰："大抵学者，不可有放过底事（案："事"字，知服斋本误作"子"）。久之不已，虽无紧要工夫，亦有得力处也。"

答陈肤仲书曰："闲隙时，不可闲坐说话，过了时日。须偷些小工夫，看些小文，穷究圣贤所说底道理，乃可以培植本原，庶几枝叶自然张旺①耳。"

答许顺之书曰："天下事无不可为，但在人自强如何耳。"

答黄嵩老书曰："大抵人情苦于犹豫，多致因

---

① 张旺：生长、壮大。

循，一向懒废。今但心所欲为向前，便做不要迟疑、等待，即只此目下，顷刻之间，亦须渐见功效矣。年运易往，时不待人，况中岁以后，尤宜汲汲也。"

答陈才卿书曰："人生虚浮，朝不保夕，深可警惧。直当勇猛精进，庶几不虚作一世人也。"

答周南仲书曰："圣贤遗训具在方策，何用迟疑、等待？何用准拟安排？只从今日为始，［随处提撕］①，随处收拾，随时体究，随时讨论，但使一日之间，整顿得三五次，理会得三五事，则日积月累，自然纯熟，自然光明。若只如此立得个题目，顿在面前，又却低回前却，不肯果决向前，真实下手，则悠悠岁月，岂肯待人？恐不免为自欺自诬之流，而终无得力可恃之地也。"

答度周卿书曰："读书探道有新功否？岁月易失，义理难明，但于日用之间，随时随处提撕此心，勿令放逸。而于其中随事观理，讲求思索，沉潜反覆，庶于圣贤之教渐有密相契处，则自然见得天道性命，真不外乎此身。而吾之所谓学者，舍是

———————

① 随处提撕：底本脱，据四库本补。

无有别用力处矣。"

先生同安①谕学者曰："夫学者所以为己，而士者②或患贫贱，势不得学与无所于③学而已。势得学又不为，无所于学而犹不勉，是亦未尝有志于学而已矣。"

居敬持志

若不能敬，则讲学无安顿处。

看文字，却是索居独处好用工夫，方精专，看得透彻。

人之为学，千头万绪，岂可无本领？此程先生所以有持敬之语。敬只是提撕此心，教他光明，则于事无不见，久之自然刚健有力。

不持敬看道理，便都散，不聚在这里。

---

① 同安：即福建同安县（今厦门同安区），朱熹曾在地为官。
② 者：四库本作"有"字。
③ 于：四库本作"从"，下"于"字同。

心不定，故见理不得。今且未要读书，须先定其心，使之如止水、如明镜。暗镜如何照物？

问："读书心多散乱。"曰："便是心难把捉处。向时举《中庸》'诚者，物之终始，不诚无物'，说与直卿云：'且如读十句书，上九句有心记得，心不走作，则是心在此九句内，是诚，是有其物，故终始得此九句用。若下一句心不在焉，便是不诚，便无物也。'"

因论读《大学》，答以"每为念虑搅扰，颇妨工夫"。曰："只是敬，敬是常惺惺底法，以敬为主，则百事皆从此去。今人都不理会我底，自不知心所在，却要理会他事，又如何齐家、治国、平天下？心者，身之主也。撑船须用篙，吃饭需用匙，不理会心，是不用篙，不使匙也。摄心只是敬，才敬，看做甚么事，登山固只这个心，入水亦只这个心。"

先生问汪长孺（名德辅）所读何书，长孺诵《大学》所疑。曰："只是轻率，公不唯读圣贤书如此，凡说话及论人物亦如此，只是不敬，故①如此。"

---

① 故：四库本作"后"。

看文字理会不出，只缘主一工夫欠阙。

先生答陈肤仲书曰："读书固收心之一助，然今只读书时收得心，不读书时便为事所夺，则①是心之存也常少，而其放也常多矣。胡为不移此读书工夫，向不读书处用力，使动静两得，而此心无时不存乎！"

答郑仲礼书曰："读书固不可废，然亦须以主敬为先方可，就此田地上推寻义理，见诸行事。若平居泛然，略无存养之功，又无实践之志，而但欲晓解文义，说得分明，则虽尽通诸经，不错一字，亦何所益，况未必能通而不误乎！近觉朋友读书讲论多不得力，其病皆出于此，不可不深戒也！"

答李晦叔书曰："持敬、读书，只是一事，而表里各用力耳。若有所偏，便疑都不曾做工夫。今且逐日着实做将去，未须比量难易，计较得失，徒然纷扰，不济事。要令日用之间，只见本心义理，都不见有他物，方有得力处耳。"

答詹元善书曰："君子之为学，庄敬涵养以立其本，而讲于义理以发明之，则其口之所诵也有正

---

① 则：四库本作"而"。

业，而心之所处也有常分矣。至于希世①取宠之事，不惟有所愧而不敢，实亦有所急而不暇焉。"

答罗县尉书曰："古人之学，以庄敬持守为先，而读书穷理以发其趣。"

中华民国三十五年十二月复性书院据知服斋丛书本付刊，三十六年一月刊成。

---

① 希世：迎合世俗。

朱子语类·读书法

黄士毅 编

读书法上

过闻先生教人读书之法有曰："敛身正坐，缓视微吟，虚心涵味，切己体察。"过。〔读一句书，须体察这一句，我将来甚处用得。〕①〔文字是底固当看，不是底也当看；精底固当看，粗底也当看。〕

为学须是先立大本。其初甚约，中间一节甚广大，到末梢又约。孟子曰："博学而详说之，将以反说约也。"故必先观《论》《孟》《大学》《中庸》，以考圣贤之意；读史以考存亡治乱之迹；读

---

① 据其他版本增、改之文字，以六角括号〔　〕表示；应删除之文字，以圆括号（　）小字表示；底本阙字或字迹无法辨识者，以缺字框□表示。

诸子百家以见其驳杂之病。其节目自有次序，不可以越过。近日学者多喜从约，而不于博求之。不知不求于博，何以考验其约。如某人好约，今只做得一僧，了得一身。又有专于博上求之而不反其约，今日考一制度，明日又考一制度，空于无用处作工夫，其病又甚于约而不博者。要之，均是无益。可学。

或问《左传》疑义。曰："公不求之于六经、《语》《孟》之中而用功于《左传》，且《左传》有甚么道理？纵有，能几何？所谓'弃却甜桃树，缘山摘醋梨'。天之所赋于我者如光明宝藏，不会收得，却上他人门教化一两钱，岂不哀哉？只看圣人所说，无不是这个大本。如云：'天高地下，万物散殊而礼制行矣；流而不息，合同而化而乐兴焉。'不然，子思何故说个'天命之谓性，率性之谓道，修道之谓教'？此三句是怎生如此说？是乃天地万物之大本大根，万化皆从此出。人若能体察得，方见得圣贤所说道理皆从自己胸襟流出，不假他求。某向尝见吕伯恭爱与学者说《左传》，某尝戒之曰：'《语》《孟》、六经许多道理不说，恰限说这个。纵那上有些零碎道理，济得甚事？'伯恭不信，后来又说到《汉书》。若使其在，不知今又说到甚处，想益卑矣，固宜为陆子静所笑也。子静底是高，只是下面空疏，无物事承当。伯恭底甚低，如何得似他？"又曰："人须是于这大原本上看得透，自然心胸开阔，见世间事皆琐琐不足道矣。"又曰："每日开眼便见这四个字在面前，仁义礼智。只趱着脚指头便是。这四个字若看得熟，于世间道理沛然若决江河而下，莫之能御矣。若看得道理透，方见得每日所看经书，无一句一字、一点一画不是此理之流行；见天下事无大无小、无一名一件不是此理之发见。如此方见得这个道理浑沦周遍，不偏枯，方见得所谓'天命之谓性'底全体。今人只是随所见而言，或见得一二分，或见得二三分，都不曾见那全体，不曾到那极处，所以不济事。"僩。

大抵学者只有白纸无字处莫看，有一个字便与他看一个。如此读书三年，无长进处则如赵州和尚道："截取老僧头去。"节。

天下书尽多在，只恁地读几时得了？须大段用着工夫，无一件是今少得底。而今只是那一般合看过底文字也未看，何况其他？僩。

理明后，便读申韩书亦有得。方子。

读书乃学者第二事。方子。以下论书所以明此心之理，读之要切己受用。

读书已是第二义。盖人之生，道理合下皆完具，所以要读书者，盖是未曾经历见得许多。圣人是经历见得许多，所以写在册上与人看。而今读书只是要见得许多道理，及理会得了，又皆是自家合下元有底，不是外面旋添得来。从周。

圣人千言万语只是说个当然之理。恐人不晓，又笔之于书。自书契以来，二《典》三《谟》①，伊尹、武王、箕子、孔、孟都只是如此，可谓尽矣。只就文字间求之，句句皆是。做得一分便是一分工夫，非茫然不可测也，但患人不子细求索之耳。须要思量圣人之言是说个甚么，要将何用。若

———————

① 二典：指《尚书》中《尧典》《舜典》。三谟：指《尚书》中《大禹谟》《皋陶谟》《益稷》。

只读过便休，何必读？明作。

凡看文字专看细密者而遗却缓急之间者固不可，专看缓急之间而遗却细密者亦不可。今日之看，所以为他日之用。须思量所以看者何为，非只是空就言语上理会得多而已也。譬如拭卓子①，只拭中心亦不可，但拭四弦亦不可。须是切己用功，使将来自得之于心，则视言语诚如糟粕。然今不可便视为糟粕也，但当自期向到彼田地尔。方子。

"学问无贤愚，无小大，无贵贱，自是人合理会底事。且如圣贤不生，无许多书册，无许多发明，不成不去理会？也只当理会。今有圣贤言语，有许多文字，却不去做。〔师友只是发明得。人若不自向前，师友如何着得力。〕〔生知之圣，不待学而自至。若非生知，须要学问。学问之〕先止是致知。所知果至，自然透彻，不患不进。"谦请云："知得须要践履？"先生曰："不真知得，如何践履得？若是真知，自住不得。不可似他门只把来说过

———————
① 卓子：即桌子。

了。"又问："今之言学者满天下，家诵《中庸》
《大学》《语》《孟》之书，人习《中庸》《大学》
《语》《孟》之说。究观其实，不惟应事接物与所
学不相似，而其为人举足动步全不类学者所为。或
做作些小气象，或（事）〔专〕治一等（诚）〔议〕
论，专一欺人。此岂其学使然欤？抑践履不至欤？
抑所学之非欤？"先生曰："此何足以言学？某与人
说学问，止是说得大概，要人自去下工。譬如宝藏
一般，其中至宝之物何所不有？某止能指与人说此
处有宝。若不下工夫自去讨，终是不济事。今人为
学多是为名，不肯切己。某甚不满于长沙士友胡季
随，特地来一见，却只要相闪，不知何故。南轩许
多久与诸公商量，到得如今只如此，是不切己之
过。"谦。

先看《大学》，次《语》《孟》，次《中庸》。
果然下工夫，句句字字涵泳切己，看得透彻，一生
受用不尽。只怕人不下工，虽多读古人书，无益。
书只是明得道理，（知）〔却〕要人做出书中所说圣
贤工夫来。若果看此数书，他书可一见而决矣。全
在下工，更惟勉之。谦。

读书以观圣贤之意，因圣贤之意以观自然之理。节。

人之为学固是欲得之于心，体之于身，但不读书则不知心之所得者何事。道夫。

读书不可只专就纸上求理义，须反来就自家身上以手自指。推究。秦汉以后无人说到此，亦只是一向去书册上求，不就自家身上理会。自家见未到，圣人先说在那里，自家只借他言语来就身上推究始得。淳。

"今人读书多不就切己上体察，但于纸上看，文义上说得去便了。如此济得甚事！'何必读书，然后为学?'子曰：'是故恶夫佞者。'古人亦须读书始得，但古人读书将以求道。不然，读作何用?今人不去这上理会道理，皆以涉猎该博为能，所以有道学、俗学之别。"因提案上药囊起，曰："如合药便要治病，终不成合在此看。如此于病何补！文字浩瀚，难看亦难记，将已晓得底体在身上，却是自家易晓易做底事。解经已是不得已，若只就注解上说，将来何济！如画那人一般，画底却识那人，别人不识，须因这画去求那人，始得。今便以画唤做那人，不得。"寓。

杨至之问："'好德如好色'，即是《大学》'如恶恶臭，如好好色'，要得诚如此。然《集注》载卫灵公事与此意不相应，恐未稳否？"曰："书都不恁地读。除了卫灵公，便有何发明？在卫灵公上便有何相碍？此皆没紧要，校量他作甚底？恁地读书都不济事，都向别处去，不入这路来。圣人当初只是恁地叹未见好德如那好色者，意只是如此。自是当虚心去看，又要反来思量自己如何便是好德，如何便是好色，如此方有益，何必根究灵公事。若只管去校量他，与圣人意思愈见差错。圣人言语，自家当如奴仆，只去随他。他教住便住，他教去便去，而今却与他做师友，只是去校量他。《大学》之说自是《大学》之意，《论语》之说自是《论语》之意。《论语》只是说过去，尾重则首轻，这一头低，那一头便昂。《大学》是将两句平头，说得尤力。如何合得来做一说！"淳。

向时有一截学者，贪多务得，要读《周礼》、诸史、本朝典故，一向尽要理会得许多没要紧底工夫，少刻身己都自恁地颠颠倒倒没顿放处。如吃物事相似，将甚么杂物事，不是时节，一顿都吃了，便被他撑肠拄肚，没奈何他。贺孙。

今读书紧要敢是要看圣人教人做工夫处是如何。如用药治病，须看这病是如何发，合用何方治之；方中使何药材，何者几两，何者几分；如何炮，如何炙，如何制，如何煎，如何吃。只如此而已。淳。

学者有所闻，须便行始得。若得一书，须便读，便思，便行，岂可又安排停待而后下手。且如得一片纸，便求一片纸上道理行之可也。履孙。

看经书与看史书不同：史是皮外物事，没紧要，可以札记问人。若是经书有疑，这个是切己病痛。如人负痛在身，欲斯须忘去而不可得，岂可比之看史，遇有疑则记之纸邪？僩。

开卷便有与圣贤不相似处，岂可不自鞭策！祖道。

学须做自家底看便见切己。今人读书只要科举用，已及第则为杂文用，其高者则为古文用，皆做外面看。淳。

人惟有私意，圣贤所以留千言万语以扫涤人私意，使人全得恻隐、羞恶之心。六经不作可也，里面着一点私意不得。节。

许多道理，孔子恁地说一番，孟子恁地说一番，子思又恁地说一番，都恁地悬空挂在那里。自家须自去体认，始得。贺孙。

初学于敬不能无间断，只是才觉间断便提起此心，只是觉处便是接续。某只要得人只就读书上体认义理。日间常读书则此心不走作，或只去事物中衮①，则此心易得汩没。知得如此，便就读书上体认义理，便可唤转来。贺孙。

某看来如今学者之病多是个好名，且如读书都

---

① 衮：同"滚"。

不去子细考究义理，教极分明，只是才看过便了，只唤道自家已看得甚么文字了，都不思量，于身上济得甚事？这个只是做名声，其实又做得甚么名声！下梢只得人说他已看得甚文字了。这个非独卓老（文）〔丈〕如此，某今看来都如此。若恁地也是枉了一生。贺孙。

　　或问读书工夫。曰："这事如今似难说。如世上一等人说道不须就书册上理会，此固是不得。然一向只就书册上理会，不曾体认着自家身己也不济事。如说仁义礼智，曾认得自家如何是'仁'，自家如何是'义'，自家如何是'礼'，自家如何是'智'，须是着身己体认得。如读'学而时习之'，自家曾如何'学'，自家曾如何'习'，'不亦说乎'，自家曾见得如何是'说'，须恁地认始得。若只逐段解过去，解得了便休，也不济事。如世上一等①说话，谓不消得读书，不消理会，别自有个觉处，有个悟处，这固是不得。若只恁地读书，只恁地理会，又何益？"贺孙。

───────────

　　①　一等：一种，一类。

读书须要切己体验，不可只作文字看，又不可助长。_{方子。}

读六经时只如未有六经，只就自家身上讨道理，其理便易晓。_{敬仲。}

学者当以圣贤之言反求诸身，一一体察。须是晓然无疑，积日既久，当自有见，但恐用意不精，或贪多务广，或得少为足，则无由明耳。_{祖道。}

"凡读书须有次序。且如一章三句，先理会上句，待通透；次理会第二句、第三句，待分晓；然后将全章反覆绅绎玩味。如未通透却看前辈讲解，更第二番读过，须见得身分上有长进处方为有益。如《语》、《孟》二书，若便恁地读过，只一二日可了。若要将来做切己事，玩味体察，一日多看得数段或一两段耳。"又云："看讲解，不可专徇他说，不求是非，便道前贤言语皆的当。如《遗书》中语，岂无过当失实处？亦有说不及处。"又云："初看时便先断以己意，前圣之说皆不可入。此正当今学者之病，不可不知。"_{寓。}

或人请诸经之疑，先生既答之，复曰："今虽尽与公说，公尽晓得，不于自家心地上做工夫，亦不济事。"_{道夫。}

人常读书，庶几可以管摄此心，使之常存。横渠有言："书所以维持此心。一时放下则一时德性有懈，其何可废！"〔盖卿。〕

须是存心与读书为一事，方得。_{方子。}

今世之人心不在躯壳里，如何读得圣人之书。尽是杜撰凿空说，元与他不相似。_{文蔚。}

昔陈烈先生苦无记性。一日读《孟子》"学问之道无他，求其放心而已矣"，忽悟曰："我心不曾收得，如何记得书？"遂闭门静坐，不读书，百余日以收放心去，去读书，遂一览无遗。_{偰。}

读书须是有精力。杨说亦须是聪明。先生曰："虽有聪明，亦须是静，方运得精神。昔李先生说罗先生于《春秋》浅，不（但）〔似〕胡文定。后来过罗浮山中住两三年。那里静，必做得工夫有长进处。只是归来道死，不及叩之。李先生何故如此说，盖缘静则心虚，道理方看得出。"淳。

今人看文字多是以昏怠去看，所以不子细，故学者且于静处收拾，教意思在里，然后虚心去看，则其义理未有不明者也。祖道。

关了门，闭了户，把断了四路头，此正读书时也。道夫。

学者只知观书，都不知有四边，方始有味。僩。

读书闲暇宜于静室安坐，庶几心平气和，可以思索义理。季札。

不可终日思量文字，恐成硬将心去驰逐了。亦须空闲少顷，养精神又来看。淳。

看文字有两般病。〔有一等性钝底人，向来未曾看，看得生，卒急看不出，固是病。〕又有一等敏锐底人多不肯子细，易得有忽略之意，不可不戒。贺孙。

人读书如人饮酒相似。若是爱饮酒人，一盏了又要一盏吃。若不爱吃，勉强一盏便休。泳。

读书看义理，须是胸次放开，磊落明快，恁地去。第一不可先责效，才责效便有忧愁底意。只管如此，胸中便结聚一饼子不散。今且放置闲事，不要闲思量，只专心去玩味义理，便会心精，心精便会熟。淳。

观书须静着心，宽着意思，沉潜反覆，将久自会晓得去。儒用。

放宽心，以他说看他说。以物观物，无以己观物。道夫。

大凡看文字少看熟读，一也；不要钻研立说，但要反覆体验，二也；埋头理会，不要求效，三也。三者，学者当守此。人杰。

少看熟读，反覆体验，不必想像计获。只此三事，守之有常。夔孙。

读书须是遍布周满。某尝以为宁详毋略，宁下毋高，宁拙毋巧，宁近毋远。方子。盖卿同。

读书不可不先立个程限①。政如农功，如农之有畔，为学亦然。今之始学者不知此理，初时甚锐，渐渐懒去，终至都不理会了。此只是当初不立程限之故。广。

曾裘父《诗话》中载东坡教人读书小简，先生取以示学者，曰："读书要当如是。"按裘父《诗话》载东坡《与王郎书》云："少年为学者，每一书皆作数次读之。〔书〕富如入海，百货皆有。人之精力不能兼收尽取，但得其所欲求者尔。故愿学者每次作一意求之，如欲求古今兴亡治乱、圣贤作用，且只作此意求之，勿生余念。又别作一次求事迹文物之类，亦如之。他皆仿此。若学成，八面受敌，与涉猎者不可同日而语。"方子。

"诵数以贯之"，古人读书必是记遍数，所以贯

---

① 程限：规定的程式和期限。

通。方子。以下论古人读书有遍数。

司马温公答一学者书，说为学之法，举荀子四句云："诵数以贯之，思索以通之，为其人以处之，除其害以持养之。"荀子此说亦好。"诵数"云者，想是古人诵书亦记遍数。"贯"字训"熟"，如"习贯如自然"；又训"通"，诵得熟方能通晓，若诵不熟亦无可得思索。广。

为人自是为人，读书自是读书。凡人若读十遍不会，则又读二十遍。又不会，则读三十遍至五十遍，必有见处。到五十遍瞑然不晓，便是气质不好。今人未尝读得十遍，便道不可晓。力行。

读书须是先看一件了，然后再看一件。若是蓄积处多，忽然爆开来时，自然所得者大，《易》所谓"何天之衢"是也。人杰。

先生问叔器："《论语》读多少?"对曰："两日只杂看。"先生曰："恁地如何会长进! 看此一书，且须专此一书。便待此边冷如水，那边热如火，亦不可舍此而观彼。"淳。

读书理会一件，便要精这一件。这一件看得不精，其他文字便亦都草草看了。若此一件看得精，其他亦易看。山谷《帖》说读书法甚好。淳。

山谷《与李几仲帖》云："不审诸经、诸史，何者最熟？大率学者喜博而常病不精，泛滥百书不若精于一也。有余力然后及诸书，则涉猎诸篇亦得其精，盖以我观书则处处得益，以书博我则释卷而茫然。"先生深喜之，以为有补于学者。若海。

学不可躐等，不可草率，徒费心力。须依次序，如法理会。一经通熟，他书亦易看。闳祖。

学者贪做工夫，便看得义理不精。读书须是子细，逐句逐字要见去着。若用工粗卤，不务精思，只道无可疑处。非无可疑，理会未到，不知有疑尔。大抵为学老少不同：年少精力有余，须用无书不读，无不究竟其义；若年齿向晚，却须择要用功，读一书便觉后来难得工夫再去理会，须沉潜玩索，究极至处可也。盖天下义理只有一个是与非而已。是便是是，非便是非。既有着落，虽不再读，自然道理浃洽，省记不忘。譬如饮食，从容咀嚼，其味必长；大嚼大咽，终不知味也。谟。

读书须教首尾贯穿，若一番只草草看过不济事。某记得舅氏云："当新经行时，有一先生教人极有条理。时既禁了史书，所读者止是《荀》《扬》《老》《庄》《列子》等书，他便将诸书划定次第。初入学只看一书，读了理会得都了，方看第二件。每件须要贯穿，从头到尾皆有次第。既通了许多书，斯为必取科第之计：如刑名度数也各理会得些，天文地理也晓得些，五运六气也晓得些，如《素问》等书也略理会得。又如读得《圣制经》，便须于诸书都晓得些。《圣制经》者乃是诸书节略本，是昭武一士人作，将去献梁师成，要觅官爵。及投进，累月不见消息。忽然一日，只见内降一书云：'御制《圣制经》，令天下皆诵读。'方伯模尚能记此士人姓名。"又云："是时既禁史学，更无人敢读史。时奉使叔祖教授乡里，只就《蒙求》逐事开说本末，时人已相尊敬，谓能通古今。有一士人，以犯法被黥，在都中，因计会在梁师成手里直书院，与之打并书册甚整齐。梁师成喜之，因问其故，他以情告，遂与之补官，令常直书院。一日，传〔圣驾将幸师成家，师成遂令此人打并装叠成册。此人以经史次第排，极可观。师成来检点，见诸史亦列〕卓上，因大骇，急移下去，云：'把这般文字将出来做甚么。'此非独不好此，想只怕人主取去，看见兴衰治乱之端耳。"贺孙。

书宜少看，要极熟。小儿读书记得而大人则多记不得者，只为小儿心专。一日授一百字则只是一百字，二百字则只是二百字。大人一日或看百板，不恁精专。人多看一分之十，今宜看十分之一。宽着期限，紧着课程。淳。

不可都衮去，如人一日只吃得三碗饭，不可将十数日饭都一齐吃了。一日只看得几段，做得多少工夫，亦有限，不可衮去都要了。淳。

读书只恁逐段子细看，积累去，则一生读多少书。若务贪多，则反不曾读得。又曰："须是紧着

工夫，不可悠悠，又不须忙。只常抖擞得此心醒，则看愈有力。"_{道夫。}

读书只看一个册子，每日只读一段，方始是自家底。若看此又看彼，虽从眼边过得一遍，终是不熟。_{履孙。}

读书不要贪多。向见州郡纳税，数万钞总作一结。忽错其数，更无推寻处。其后有一某官乃立法，三二十钞作一结。观此，则读书之法可见。_{可学。}

某问："曾子□□□。曾子为人守约，动必本诸身。为人谋，惟恐己之心有一毫不尽；与人交，惟恐一毫不情实。'传不习乎'，今日听得先生教诲，却不去习熟，如何会有诸已？"先生不应。又问："《集注》云：'三者之序，又以忠信为本。'人若不诚实，便传也传个甚底？"言未毕，先生继曰："习也习个甚底？"又曰："公不问，一问便问许多。某与公说，公如何记得许多？"某不敢应，揖而退。_{南升。}

大凡读书不要般涉，但温寻旧底不妨，不可将新底来搀。道夫。

人读书不得搀前，下梢必无所得。如理会《论语》，只得理会《论语》，不得存心在《孟子》。如理会《里仁》，且逐章相挨理会了却，然后从《公冶长》理会去。人杰。

其始也，自谓百事能；其终也，一事不能。言人读书不专一而贪多广阔之弊。僩。

人做功课若不专一，东看西看，则此心先已散漫了，如何看得道理出。须是看《论语》专只看《论语》，看《孟子》专只看《孟子》。读这一章更不得看后章，（说）〔读〕这一句更不得看后句，这一字理会未得，更不得看下字。如此，则专一而功可成。若所看不一，泛滥无统，虽卒岁穷年无有透彻之期。某旧时看文字只是守此拙法，以至于今。思之，只有此法，更无他法。僩。

仲思问："《遗书》云看鸡雏可以观仁，如

何?"曰:"既通道理后,这般个久久自知之。《记》曰:'善问者如攻坚木,先其易者,而后其节目。'所以游先生问'阴阳不测之谓神',而程子问之曰:'公是拣难底问?是疑后问?'故昨日与公说,读书须看一句后又看一句,读一章后又读一章。格物,格一物后又格一物。见这个物事道理既多,则难者道理自然识得。"_{道夫。}

木之问:"孟子言'羞恶之心,义之端也',又曰'义之实,从兄是也',不知'羞恶'与'从兄'之意,如何相似?"曰:"不要如此看。且理会一处上义理教通透了,方可别看。如今理会一处未得,却又牵一处来衮同说着,少间愈无理会处。圣贤说话各有旨归,且与他就逐句逐字上理会将去。"_{木之。}

泛观博取,不若熟读而精思。_{道夫。}

学者只是要熟,工夫纯一而已。读时熟,看时熟,玩味时熟。如孟子《诗》《书》全在读时工夫,《孟子》每章说了,又自解了。盖他直要说得尽方住，其言一大片，故后来老苏亦把他来做文章说。须熟读之，便得其味。今观《诗》，既未写得《传》，且除了《小序》而读之。亦不要将做好底看，亦不要将做恶底看，只认本文语意，亦须得八九。_{骞。}

读书不可贪多，且要精熟。如今日看得一板，且看半板，将那个精力来更看前半板两遍，如此方看得熟。直须看得古人意思出，方好。_{洽。}

书须熟读。所谓书，只是一般。然读十遍时与读一遍时终别，读百遍时与读十遍又自不同也。_{履孙。}

"大凡读书须是熟读。熟读了自精熟，精熟后理自见得。如吃果子一般，劈头方咬开，未见滋味便吃了。须是细嚼教烂，则滋味自出，方始识得这个是甜，是甘，是辛，始为知味。"又云："园夫灌园，善灌之夫随其蔬果，株株而灌之。少间灌溉既足，则泥水相和而物得其润，自然生长。不善灌者，忙急而（沽）〔治〕之，担一担之水，浇满园之蔬。人见其治园矣，而物未尝（沽）〔治〕足也。"
又云："读书之道，用力愈多收功愈远。'先难而后
获，先事而后得'，皆是此理。"又云："读书之法
须是用工去看。先一书许多工夫，后则无许多工
夫。始初一书费十分工夫，后一书费八九分工夫，
后则费六七分，又后则费四五分矣。"卓。

"讲学切忌研究一事未得，又且放过，别求一
事。如此则有甚了期？须是逐件打结，久久通贯。"
力行退读先生"格物"之说，见李先生所以教先生
有此意。力行。

书也只是熟读，常常记在心头便得。虽孔子教
人，也只是"学而时习之"。若不去时习，则人都
不奈你何。这是孔门弟子编集，只把这个作第一
件。若能时习，将次自晓得。若十分难晓底也解晓
得。义刚。

某向时与朋友说读书，也教他去思索，求所
疑。近方见得读书只是且恁地虚心就上面熟读，久
之自有所得，亦自有疑处。盖熟读后自有窒碍不通

处，是自然有疑，方好较量。今若先去寻个疑便不得。又曰："这般也有时候。旧日看《论语》，合下便有疑。盖自有一样事，被诸先生说成数样，所以便着疑。今却有《集注》了，且可傍本看教心熟。少间或有说不通处，自见得疑，只是今未可先去疑着。"贺孙。

读书之法先要熟读。须是正看背看，左看右看。看得是了，未可（使）〔便〕说道是，更须反覆玩味。时举。

凡人看文字，初看时心尚要走作，道理尚见得未定，犹没奈他何。到看得定时方入规矩，又只是在印板上面说相似，都不活。不活则受用不得，须是玩味反覆，到得熟后方始会活，方始会动，方有得受用处。若只恁生记去，这道理便死了。时举。

"看文字只就本句，固是见得古人本意，然不推广之，则用处又不浃洽，如何？"曰："须是本句透熟，方可推。若本句不透熟，不惟推便错，于未推时已自错了！"淳。

精舍朋友退，义刚及黄直卿、范益之侍坐。先生各有评论，语毕，顾义刚云："公前日看那'知我者，其天乎'，说得也未分晓。这个也只管去思量不得，但（当）〔须〕时复把起来看。若不晓，又且放下。只管恁地，久后自晓。解晓得这个，也无甚说。须是自家晓得这个，十分着说不得。"义刚。

读书法下

问读诸经之法。曰："亦无法，只是虚心平读去。"淳。义刚同。

读书有个法，只是刷刮净了那心后去看。若不晓得，又且放下，待他意思好时又将来看。而今却说要虚心，心如何解虚得。而今正要将心在那上面。义刚。

读书遇难处，且须虚心搜讨意思。有时有思绎底事，却去无思量处得。敬仲。

〔"问：如先生所言，推求经义〕将来到底还别有见处否?"曰:"若说如释氏之言有他心通,则无也。但只见得合如此尔。"再问所说"寻求义理,仍须虚心观之"。

问:"如何是虚心?"曰:"须退一步思量。"〔次日〕又问退一步思量之旨。曰:"从来不曾如此做工夫,后亦自难说。今人观书,先自立了意后方观,尽率古人语言入做自家意思中来。如此,只是推广得自家意思,如何见得古人意思?须得退步者,不要自作意思,只虚此心将古人语言放前面,看他意思倒杀向何处去。如此玩心,方可得古人意,有长进处。且如孟子说《诗》,要'以意逆志,是为得之'。逆者,等待之谓也。如前途等待一人,未来时且须耐心等待,将来自有来时候。他未来,其心急切,又要进前寻求,却不是'以意逆志',是以意捉志也。如此,只是牵率古人言语入做自家意中来,终无进益。"大雅。

诲力行曰:"看文字须是退步看方可见得。若一向近前迫看,反为所遮蔽,转不见矣。"力行。

　　某尝见人云:"大凡心不公底人读书不得。"今看来是如此。如解说圣经,一向都不有自家身己,全然虚心,只把他道理自看其是非。恁地看文字,犹更自有牵于旧习,失点检处。全然把一己私意去看圣贤之书,如何看得出? <small>贺孙。</small>

　　或问太极。曰:"看如今人与太极多少远近?"或人自说所读书。曰:"徒然说得一片,恁地多不济事。如今且要虚心,心若不虚,虽然恁地问,待别人恁地说,自不入。他听之如不闻,只是他自有个物事横在心下。如颜子,人道他'得一善则拳拳服膺而不失',他不曾自知道'得一善拳拳服膺而不失';他'见不善未尝不知,知之未尝复行',他不曾自知道'见不善未尝不知,知之未尝复行';他'不迁怒,不贰过',他不曾知道'不迁怒,不贰过'。他只见个道理当如此。《易》曰:'君子以虚受人。'《书》曰:'惟学逊志。'旧有某人来问事,他略不虚心,一味气盈色满。当面与他说,他全不听得。" <small>贺孙。</small>

　　看文字须是虚心,莫先立己意,少刻都错了。

又曰："虚心切己。虚心则见道理明；切己，自然
（要）体认得出。"㽦。

凡看书须虚心看，不要先立说。看一段有下落
了，然后又看一段。须如人受人词讼，听其说尽，
然后方可决断。泳。

圣人言语皆天理自然，本坦易明白在那里。只
被人不虚心去看，只管外面捉摸。及看不得，便将
自己上一般意思说出，把做圣人意思。

圣贤言语当虚心看，不可先自立说去撑拄，便
喎斜了。不读书者固不足论，读书者病又如此。淳。

读书别无法，只管看便是法。正如呆人相似，
搳来搳去。自家都未要先立意见，且虚心只管看。
看来看去自然晓得。某那《集注》都详备，只是要
人看。无一字闲，那个无紧要闲底字越要看。自家
意里说是闲字，那个正是紧要字。上蔡云"人不可
无根"，便是难。所谓根者，只管看便是根，不是
外面别讨个根来。僩。

看文字且依本句，不要添字。那里元有缝罅，如合子①相似，自家只去抉开。不是浑沦底物硬去凿。亦不可先立说，牵古人意来凑。且如"逆诈"、"亿不信"与"先觉"之辨②："逆诈"是那人不曾诈我，先去揣摩道，那人必是诈我；"亿不信"是那人未有不信底意，便道那人必是不信我；"先觉"则分明见得那人已诈我，不信我。如〔高祖〕知人任使，亦是分明见其才耳。淳。

读书若有所见，未必便是，不可便执着。且放在一边，益更读书，以来新见。若执着一见，则此心便被此见遮蔽了。譬如一片净洁田地，若上面才安一物，便须有遮蔽了处。圣人七通八达，事事说到极致处。学者须是多读书，使互相发明，事事穷到极致处。所谓"本诸身，征诸庶民，考诸三王而不缪，建诸天地而不悖，质诸鬼神而无疑，百世以俟圣人而不惑"。直到这个田地方是。《语》云："执德不（洪）〔弘〕。"《易》云："宽以居之。"圣

① 合子：盒子。
② 按：《论语·宪问》云："子曰：不逆诈，不亿不信，抑亦先觉者，是贤乎？"

人多说个广大宽洪之意，学者要须体之。广。

看书不可将自己见硬参入去，须是除了自己所见，看他册子上古人意思如何。如程先生解"直方大"①，乃引《孟子》。虽是程先生言，毕竟迫切。节。

看文字先有意见，恐只是私意。谓如粗厉者观书，必以勇果强毅为主；柔善者观书，必以慈祥宽厚为主。书中何所不有！人杰。

凡读书先须晓得他底言词了，然后看其说于理当否。当于理则是，背于理则非。今人多是心下先有一个意思了，却将他人说话来说自家底意思；其有不合者，则硬穿凿之使合。广。

观书当平心以观之。大抵看书不可穿凿，看从分明处，不可寻从隐僻处去。圣贤之言多是与人说

①　直方大：出自《易·坤》"六二，直方大，不习无不利"。

话，若是嶢崎①，却教当时人如何晓。节。

　　或解"居处恭，执事敬，与人忠"，云："须是从里面做出来，方得他外面如此。"曰："公读书便是多有此病。这里又那里得个里面做出来底说话来？只是居处时便用恭，执事时便用敬，与人时便用忠，'虽之夷狄，不可弃也'。不过只是如此说。大凡看书须只就他本文看教直截，切忌如此支离蔓衍、拖脚拖尾，不济得事。圣贤说话那一句不直截？如利刃削成相似。虽以孔子之语，浑然温厚，然他那句语更是斩截。若如公说一句，更用数十字去包他，则圣贤何不逐句上更添几字教他分晓？只看濂溪、二程、横渠门说话无不斩截有力，语句自是恁地重。无他，所以看得如此宽缓无力者，只是心念不整肃，所以如此。缘心念不整肃，所以意思宽缓，都凑泊他那意思不着，说从别处去。须是整肃心念，看教他意思严紧，说出来有力，四方八面截然有界限，方得。如今说得如此支蔓，都不成个物事，其病只在心念不整肃上。"僩。

──────────

　　①　嶢崎：音 yáo qí，奇特，古怪。

今学者大抵不曾子细玩味得圣贤言意，却要悬空妄立议论。一似吃物事相似，肚里其实未曾饱，却以手鼓腹，向人说道："我已饱了。"只此乃是未饱，若真个饱者，却未必说也。人人好做甚铭，做甚赞，于己分上其实何益？既不曾实讲得书，玩味得圣贤言意，则今日所说者是这个话，明日又只是这个话，岂得有所新见邪？切宜戒之！时举。

读书之法有大本大原处，有大纲大目处，又有逐事上理会处，又其次则解释文义。雉。

某自潭州来，其他尽不曾说得，只不住地说得一个教人子细读书。节。

读书不精深，也只是不曾专一子细。蜚卿。

圣人言语如千花，远望都见好。须端的真见好处始得。须着力子细看上，别无他术。淳。

圣人言语皆枝枝相对，叶叶相当，不知怎生排得恁地齐整。今人只是心粗，不子细穷究。若子细穷究来，皆字字有着落。道夫。

看文字当看大意，又看句语中何字是切要。孟子谓"仁义礼智根于心"，只"根"字甚有意。如此用心，义理自出。季札。

读书要周遍平正。夔孙。

看书不由直路，只管枝蔓，便于本意不亲切。淳。

读书只就一直道理看，剖析自分晓，不必去偏曲处看。《易》有个阴阳，《诗》有个邪正，《书》有个治乱，皆是一直路径，可见别无峣崎。寓。

凡读书且须从一条正路直去。四面虽有可观，不妨一看，然非是紧要。方子。

读书便是做事。凡做事，有是有非，有得有失。善处事者，不过称量其轻重耳。读书而讲究其义理，判别其是非，临事即此理。可学。

看人文字不可随声迁就，我见得是处方可信。须沉潜玩绎，方有见处。不然，人说沙可做饭，我也说沙可做饭，如何可吃！谦。

读书须是看着他那缝罅处，方寻道理透。若不见得缝罅，无由入得。见缝罅时脉络自开。植。

文字大节目痛理会三五处后当迎刃而解。学者之患在于轻浮，不沉着痛快。方子。

学者初看文字只见得个浑仑物事，久久看作三两片，以至于十数片，方是长进。如庖丁解牛，目视无全牛是也。人杰。

真理会得底便道真理会得，真理会不得底便道真理会不得。须看那处有碍，须记那紧要处常勿忘。所谓"智者利仁"，方其求时心固在此，不求时心亦在此。淳。

学者不可只管守从前所见，须除了，方见新意。如去了浊水，然后清者出焉。力行。

到理会不得处，便当"濯去旧见，以来新意"，仍且只就本文看之。_{蜚卿。}

问："'礼之用和为贵'一章，礼之体虽严，而其用以从容不迫为贵，窃谓礼之体是元有此尊卑小大之道理，故严。及其发见处，浑是辞逊之心，自然从容不迫。先王缘人情制礼，故以和为贵，而小事大事由之。然知和而和，一向偏于和而忘其大小尊卑之分，故亦不可行。须要得严而不迫、和而有节方好。"先生曰："大概如此，但说得不溜滒①，便是理会得未透。"_{此条论读书，说"未溜滒"便是理会未透。}

文字不可硬说，但当习熟，渐渐分明。

读书且就那一段本文意上看，不必又生枝节。看一段须反覆看来看去，要十分烂熟，方见意味，方快活，令人都不爱去看别段始得。人多只是向前趱去，不曾向后反覆，只要去看明日未读底，都不解去绅绎前日已读底。须玩味反覆始得。用力深便

---

① 溜滒：流畅明白。

见意味长，意味长便受用牢固。又曰："不可信口依希略绰①说过，须是心晓。"<small>寓。陈淳同。</small>

学者观书，病在只要向前，不肯退步看。愈向前愈看得不分晓，不若退步却看得审。大概病在执着，不肯放下。正如听讼：心先有主张乙底意思，便只寻甲底不是；先有主张甲底意思，便只见乙底不是。不若姑置甲乙之说，徐徐观之，方能辨其曲直。横渠云："濯去旧见，以来新意。"此说甚当。若不濯去旧见，何处得新意来？今学者有二种病，一是主（意思）〔私意〕，一是旧有先入之说，虽欲摆脱，亦被他自来相寻。<small>僴。</small>

看书非止看一处便见道理。如服药相似，一服岂能得病便好！须服了又服，服多后药力自行。<small>道夫。</small>

读书着意玩味，方见得义理从文字中迸出。<small>季札。</small>

————————

① 略绰：大致，大略。

看文字且自用工夫，先己切至，方可举所疑与朋友讲论。假无朋友，久之亦能自见得。盖蓄积者多忽然爆开便自然通，此所谓"何天之衢，亨"①也。盖蓄极则通，须是蓄之极则通。僧。按万人杰录同而略，今附云："读书须是先看一件了，然后再看一件。若是蓄积处多，忽然爆开来时自然所得者大，《易》所谓'何天之衢，亨'是也。"

玩索、考究，不可一废。升卿。

"学者读书，须是于无味处当致思焉。至于群疑并兴，寝食俱废，乃能骤进。"因叹："'骤进'二字，最下得好，须是如此。若进得些子，或进或退，若存若亡，不济事。如用兵相杀，争得些儿小可一二十里地也不济事，须大杀一番方是善胜。为学之要亦是如此。"贺孙。

大凡看文字要急迫不得。有疑处，且渐渐思

---

① 按：此句出自《周易·大畜》"上九，何天之衢，亨"。何，通"荷"，承受、获得；天之衢，通天大路，喻通达之甚也。

量。若一下便要理会得，也无此理。广。

看文字须子细。虽是旧曾看过，重温亦须子细。每日可看三两段。不是于那疑处看，政须于那无疑处看，盖工夫都在那上也。广。

读书无疑者须教有疑，有疑者却要无疑。到这里方是长进。道夫。

问："看理多有疑处。如百氏①之言，或疑其为非，又疑其为是，当如何断之?"曰："不可强断，姑置之可也。"人杰。

大凡读书且要读，不可只管思。口中读则心中闲，而义理自出。某之始学亦如是尔，更无别法。方子。甘节同。

"读书之法：读一遍了，又思量一遍；思量一遍，又读一遍。读诵者，所以助其思量，常教此心

---

① 百氏：即诸子百家。

在上面流转。若只是口里读，心里不思量，看如何也记不子细。"又云："今缘文字印本多少，人不着心读。汉时诸儒以经相授者，只是暗诵，所以记得牢，故其所引书句多有错字。如孟子所引《诗》《书》亦多错，以其无本，但记得耳。"〔僴。〕

读书只要将理会得处反覆又看。士毅。

书无难易，须使许多心力反覆去看。蔓孙。

为学读书须是耐烦细意去理会，切不可粗心。若曰何必读书，自有个捷径法，便是误人底深坑也。未见道理时，恰如数重物包裹在里许，无缘可以便见得。须是今日去了一重，又见得一重；明日又去了一重，又见得一重。去尽皮，方见肉；去尽肉，方见骨；去尽骨，方见髓。使粗心大气不得。广。

人看文字，只看得一重，更不去讨他第二重。僴。

圣人言语一重又一重，须入深去看。若只见皮肤，自便有差错，须深沉方有得。夜来所说是终身规模，不可便要使有安顿。_{从周。}

看文字须逐字看得无去处。譬如前后门塞定，更去不得，方始是。_{从周。}

看文字须大段着精彩看。耸起精神，树起筋骨，不要困，如有刀剑在后一般。就一段中须要透。击其首则尾应，击其尾则首应，方始是。不可按册子便是，掩了册子便忘却。看注时便忘了正文，看正文又忘了注。须这一段透了，方看后板。_{淳。}

人言读书当从容玩味，此乃自怠之一说。若是读此书未晓道理，虽不可急迫，亦不放下，犹可也。若徜徉终日，谓之从容，却无做工夫处。譬之煎药，须是以大火煮衮，然后以慢火养之却不妨。_{人杰。}

"看文字须入里面猛衮一番。要透彻方能得脱离。若只略略地看过，终久不能_{潘本有"得"}。脱离，此心又自不能放下也。"又曰:"凡看文字,初看时心尚走作,道理尚见得未定。到底后方入规矩,须是又复玩味得熟后方始会活,方有得受用处。不活则受用不得。"铢。潘时举录云:"人看文字,初看时心尚要走作,道理尚见得未定,犹没奈他何。到看得定时方入规矩,又只是在印板上面说相似,都不活。不活则受用不得。须是玩味反覆,到得熟后方始会活,方始会动,方有得受用处。若只恁生记去,这道理便死了。"

〔因诲郭兄云〕读书者当将此身葬在此书中,行住坐卧念念在此,誓以必晓彻为期。看外面有甚事,我也不管,〔只恁一心在书上,〕方谓之善读书。若但欲来某面前说得去,不求自熟,如此济得甚事?须是着起精神,字字与他看过。〔不惟念得正文注字,要自家暗地以俗语解得方是。〕如今自家精神都不曾与书相入,本文注字犹记不得,如何会晓!〔卓。〕僴。〔同〕

大凡读书须是要身心都入在这一段里面,更不问外面有何事,方见得一段道理出。如"博学而笃志,切问而近思",如何却说个"仁在其中"?盖自家能常常存得此心,莫教走作,则理自然在其中。今人却一边去看文字，一边去思量外事，只是枉费了工夫。不如放下了文字，待打叠教意思静了，却去看。_{祖道。}

今人读书看未到这里，心已在后面；才看到这里，便欲舍去。如此，只是不求自家晓解。须是徘徊顾恋，不欲舍去，方能体认得。又曰："读书者譬如观此屋，若在外面见有此屋，便谓见了，即无缘识得。须是入去里面逐一看道，是几多间架、几多窗槛。看一遍了，又重重看过，一齐记得，方是。"_{讲筵亦云："意象匆匆，常若有所迫逐。"方子。}

看文字正如酷吏之用法深刻，都没人情，直要做到底。若只恁地等闲看过了，有甚滋味！大凡文字有未晓处，须下死工夫，直要见得道理是自家底方住。_{赐。}

须是一棒一条痕！一掴一掌血！看人文字要当如此，岂可忽略！_{僩。}

看文字如捉贼，须知盗发处，自一文以上赃罪情节都要勘出。若只描摸个大纲，纵使知道此人是贼，却不知何处做贼。赐。

　　而今看文字须是如猛将用兵，直是鏖战一阵。如酷吏治狱，直是推勘到底，决是不恕他方得。夔孙。

　　看文字当如高艑大艑，顺风张帆，一日千里方得。如今只才离小港便着浅了，济甚事！文字不通如此看。僩。

　　蜚卿欲类仁说看。曰："不必录。只识得一处，他处自然如破竹矣。"道夫。

　　理只要理会透彻，更不理会文辞，恐未达而便欲已也。去伪。

　　读书须是知贯通处，东边西边都触着这（开）〔关〕捩子①方得。只认下着头去做，莫要思前算

―――――――――

　　①　关捩子：关键，紧要处。

后，自有至处。而今说已前不曾做得，又怕迟晚，又怕做不及，又怕那个难，又怕性格迟钝，又怕记不起，都是闲说。只认下着头去做，莫问迟速，少间自有至处。既是已前不曾做得，今便用下工夫去补填。莫要瞻前顾后，思量东西，少间担阁①一生，不知年岁之老！_{僩。}

读书通贯后，义理自出。今人为学多只是（漫）〔谩〕，且恁地不曾是真实肯做。_{方子。}

看经传有不可晓处，且要旁通。待其浃洽则当触类而可通矣。_{人杰。}

做好将圣人书读，见得他意思如当面说相似。_{贺孙。}

"尹先生门人言尹先生读书云：'耳顺心得，如诵己言。功夫到后，诵圣贤言语〔都一似自己言语〕。'"良久，曰："佛所谓心印是也。印第一个

---

① 担阁：耽误，延迟时间。

了，印第二个，只与第一个一般。又印第三个，只与第二个一般。惟尧舜孔颜方能如此。尧老，逊位与舜，教舜做。及舜出来，只与尧一般，此所谓真同也。孟子曰：'得志行乎中国，若合符节。'不是且恁地说。"广。

讲论一篇书，须是理会得透，把这一篇书与自家衮作一片方是。去了本子，都在心中，皆说得去方好。敬仲。

莫说道见得了便休。而今看一千遍，见得又别；看一万遍，见得又别。须是无这册子时，许多节目次第都恁地历历落落在自家肚里方好。方子。

放下书册，都无书之意义在胸中。升卿。

欧公言："作文有三处思量：枕上，路上，厕上。"他只是做文字，尚如此，况求道乎！而今人只对着册子时便思量，册子不在心便不在，如此济得甚事？义刚。

今之学者看了也似不曾看，不曾看也似看了。
方子。

近日真个读书人少，也缘科举时文之弊，他才把书来读，便先立个意思要讨新奇，都不理会他本意着实。才讨得新奇便准拟作时文使，下梢弄得熟，只是这个将来使。虽是朝廷甚么大典礼，也胡乱信手捻出来使，不知一撞百碎。前辈也是读书。某曾见大东莱吕居仁。之兄，他于六经三《传》皆通，他亲手点注，并用小圈点。《注》所不足者，并将《疏》楷书，用朱点。无点画草。某只见他《礼记》如此，他经皆如此。诸吕从来富贵，虽有官，多是不赴铨，亦得安乐读书。他家这法度却是到伯恭打破了。自后既弄时文，少有如此读书。
贺孙。

且寻句内意。方子。

凡读书须看上下文意是如何，不可泥着一字。如扬子"于仁也柔，于义也刚"，到《易》中又将刚来配仁，柔来配义。如《论语》"学不厌，智也；教不倦，仁也"，到《中庸》又谓"成己，仁也；成物，智也"。此等须是各随本文意看，便自不相碍。淳。

节问："一般字却有浅深轻重，如何看？"曰："当看上下文。"节。

读书须从文义上寻，其次则看注解。今人却于文义〔外〕寻索。盖卿。

因言读书法。先生曰："且先读十数过，已得文义四五分；然后看解，又得三二分；又却读正文，又得一二分。向时不理会得《孟子》，以其章长故也。因如此读。元来他章虽长，意味却自首末相贯。"又问："读书心多散乱。"曰："便是心难把捉处。知得此病者，亦早少了。向时举《中庸》'诚者物之终始，不诚无物'说与直卿，云：'且如读十句书，上九句有心记得，心不走作，则是心在此九句内，是诚，是有其物，故终始得此九句用。若下一句心不在焉，便是不诚，便无物也。'"明作。

"大凡人读书，且当虚心一意将正文熟读，不可便立见解。看正文了，却着深思熟读，便如己说，如此方是。今来学者一般是专要作文字用，一般是要说得新奇，人说得不如我说得较好，此学者之大病。譬如听人说话一般，且从他说尽，不可剿断他说，以己意抄说。若如此，全不见得他说是非，只说得自家底，终不济事。"久之，又曰："须是将本文熟读，字字咀嚼教有味。若有理会不得处，深思之；又不得，然后却将注解看，方有意味。如人饥而后食，渴而后饮，方有味。不饥不渴而强饮食之，终无益也。"自"又曰"以下，李儒用录同。又曰："某所集注《论语》，至于训诂皆子细者，盖要人字字与某着意看，字字思索到，莫要只作等闲看过了。"又曰："读书，第一莫要先立个意去看他底；莫要才领略些大意，不耐烦，便休了。"祖道。

凡人读书若穷得到道理透处，心中也替他快活。若有疑处，须是参诸家解熟看。看得有差互时，此一段终是不稳在心头，不要放过。敬仲。

凡看文字，诸家说有异同处最可观。谓如甲说如此，且捋扯住甲，穷尽其词；乙说如此，且捋扯住乙，穷尽其词。两家之说既尽，又参考而穷究之，必有一真是者出矣。公谨。

经之有解，所以通经。经既通，自无事于解。借经以通乎理耳，理得则无俟乎经。今意思只滞在此，则何时得脱然会通也！且所贵乎简者，非谓欲语言之少也，乃在中与不中尔。若句句亲切，虽多何害？若不亲切，愈少愈不达矣。某尝说读书须细看，得意思通融后都不见注解，但见有正经几个字方好。大雅。

句心。方子。

看注解时不可遗了紧要字，盖解中有极散缓者，有缓急之间者，有极紧要者。某下一字时，直是称轻等重方敢写出。上言“句心”即此意。方子。

传注，惟古注不作文，故可读。只随经句分说，不离经意，最好。疏亦然。今人解书，且图要作文，又加辨说，百般生疑，故其文虽可读而经意

殊远。程子《易传》亦成作文，说了又说，故今人观者更不看本经，只读《传》，亦非所以使人思也。_{大雅。}

解经谓之解者，只要解释出来。将圣贤之语解开了，庶易读。_{泳。}

圣经字若个主人，解者犹若奴仆。今人不识主人，且因奴仆通名方识得主人，毕竟不如经字也。〔_{泳。}〕

随文解义。_{方子。}

解经当如破的。_{方子。}

圣贤说出来底言语自有语脉，安顿得各有所在，岂似后人胡乱说了！也须玩索其旨，所以学不可以不讲。讲学固要大纲正，然其间子细处亦不可以不讲。只缘当初讲得不子细，既不得圣贤之意，后来胡乱执得一说便以为是，只胡乱解将去。_{僴。}〔_{必大录此下云："古人似未尝理会文义。今观其说出底言语，不曾有}

一字用不当者。"〕

解经，若于旧说一向人情他，改三字不若改两字，改两字不若且改一字，至于甚不得已，乃始改这意思，终为害。升卿。

"学者轻于著书，皆是气识浅薄，使作得如此，所谓'圣虽学作兮，所贵者资；便儇①皎厉②兮，去道远而'。盖此理醇厚，非'便儇皎厉'、'不克负荷'者所能当。(子夏)〔子张〕谓'执德不弘'，人多以宽说'弘'字，大无意味，如何接连得'焉能为有，焉能为亡'文义相贯？盖'弘'字有深沉重厚之意。③横渠谓：'义理深沉方有造，非浅易轻浮所可得也。'此语最佳。"问："《集注》解此，谓'守所得而心不广，则德孤'，如何？"曰："孤，只是孤单。所得只是这些道理，别无所有，故谓之德孤。"谟。

————————

① 便儇：儇，音 xuān。轻浮，浅薄。
② 皎厉：清高自持。
③ 按：《论语·子张》："子张曰：执德不弘，信道不笃，焉能为有？焉能为亡？"

编次文字，须作草簿抄记项头①，如此则免得用心去记他。《兵法》有云："车载糗粮兵仗，以养力也。"编次文字，用簿抄记，此亦养心之法。广。

先看《语》、《孟》、《中庸》，更看一经，却看史，方易看。先读《史记》，《史记》与《左传》相包。次看《左传》，次看《通鉴》，有余力则看全史。只是看史，不如今之看史有许多嶢崎。看治乱如此，成败如此，"与治同道罔不兴，与乱同事罔不亡"，知得次第。节。

今人读书未多，义理未至融会处，若便去看史书，考古今治乱，理会制度典章，譬如作陂塘以溉田，须是陂塘中水已满，然后决之，则可以流注滋殖田中禾稼。若是陂塘中水方有一勺之多，遽决之以溉田，则非徒无益于田，而一勺之水亦复无有矣。读书既多，义理已融会，胸中尺度一一已分明，而不看史书，考治乱，理会制度典章，

---

① 项头：项目，某一事项内。

则是犹陂塘之水已满而不决以溉田。若是读书未多，义理未有融会处，而汲汲焉以看史为先务，是犹决陂塘一勺之〔水以溉田也，其涸〕也可立而待矣。广。

问读史之法。先生曰："先读《史记》及《左氏》，却看《东汉》、《西汉》及《三国志》，次看《通鉴》。温公初作编年，起于威烈王，后又添至共和。后又作《稽古录》，始自上古，然共和已上之年已不能推矣。独邵康节却推至尧元年，《皇极经世》书中可见。编年难得好者。前日周德华所寄来者亦不好。温公于本朝又作《大事记》。若欲看本朝事，当看《长编》。若精力不及，其次则当看《国纪》。《国纪》只有《长编》十分之一耳。"时举。

道夫问："读《通鉴》与正史如何？"曰："好且看正史，盖正史每一事关涉处多。只如高祖鸿门一事，《本纪》与张良灌婴诸传互载，又却意思详尽，读之使人心地欢洽，便记得起。《通鉴》则一处说便休，直是（如）〔无〕法，有记性人方看得。"

又问:"致堂《管见》,初得之甚喜。后见《南轩①集》中云:'病败不可言。'又以为专为桧②设。岂有言天下之理而专为一人者?道夫心疑之。"先生曰:"尽有好处,但好恶不相掩尔。"道夫曰:"只如头一章论三晋事,人多不以为然。自今观之,只是(怕)〔祖〕温公尔。"先生曰:"诚是(怕)〔祖〕,但如周王不分封,也则无个出场。"道夫。

史亦不可不看。看《通鉴》固好,然须看正史一部,却看《通鉴》。一代帝纪,更逐件〔大〕事立个纲目,其间节目疏之于下,恐可记得。人杰。

杨至之云:"先生言:'读史当观大伦理、大总会、大治乱得失。'"节。

读史亦易见作史者意思,后面成败处,他都说

---

① 南轩:即张栻(1133—1180),字敬夫,后改字钦夫,号南轩,四川绵竹人。南宋理学家,湖湘学派集大成者。
② 桧:即秦桧(1091—1155),字会之,江宁(今江苏南京)人,南宋奸相。

得意思在前面了。如陈蕃①杀宦者，但读前面，许多疏脱都可见了。"甘露"事②亦然。贺孙。

读史有不可晓处，札出待去问人，便且读过。有时读别处，撞着有文义与此相关便自晓得。淳。义刚同。

杨至之患读史无记性，须三四遍方记得，而后又忘了。先生曰："只是一遍读时须用功，作相别计，止此更不再读，便记得。有一士人，读《周礼疏》，读第一板讫则焚了，读二板则又焚了，便作焚舟计。若初且草读一遍，准拟三四遍读，便记不牢。"陈淳录同。又曰："读书须是有精力。"至之曰："亦须是聪明。"先生曰："虽是聪明，亦须是静，方运得精神。昔见延平解《春秋》也浅，不相似胡

---

①　按：陈蕃（？—168），字仲举，汝南平舆（今河南平舆北）人，东汉时期名臣。

②　甘露事：指唐代甘露事变。唐太和九年（835），27岁的唐文宗不甘为宦官控制，和李训、郑注策划诛杀宦官，以夺回皇帝丧失的权力。唐文宗以观露为名，将宦官头目仇士良骗至禁卫军的后院欲斩杀，被仇士良发觉，双方激烈战斗，结果李训等朝廷重要官员被宦官杀死，其家人也受到牵连而灭门。

文定。后因随人入广，在 (罗密)〔罗浮山〕住三两年，去那里心静，须看得较透。某初疑道解《春秋》干心静甚事，后来方晓。盖静则心虚，道理方看得出。"义刚曰："前辈也多是在背后处做几年，方成。"曰："也有不恁地底。如明道自是二十岁及第，一向出来做官，也自是恁地便好了。"义刚。

"新编儒林典要"已出书目